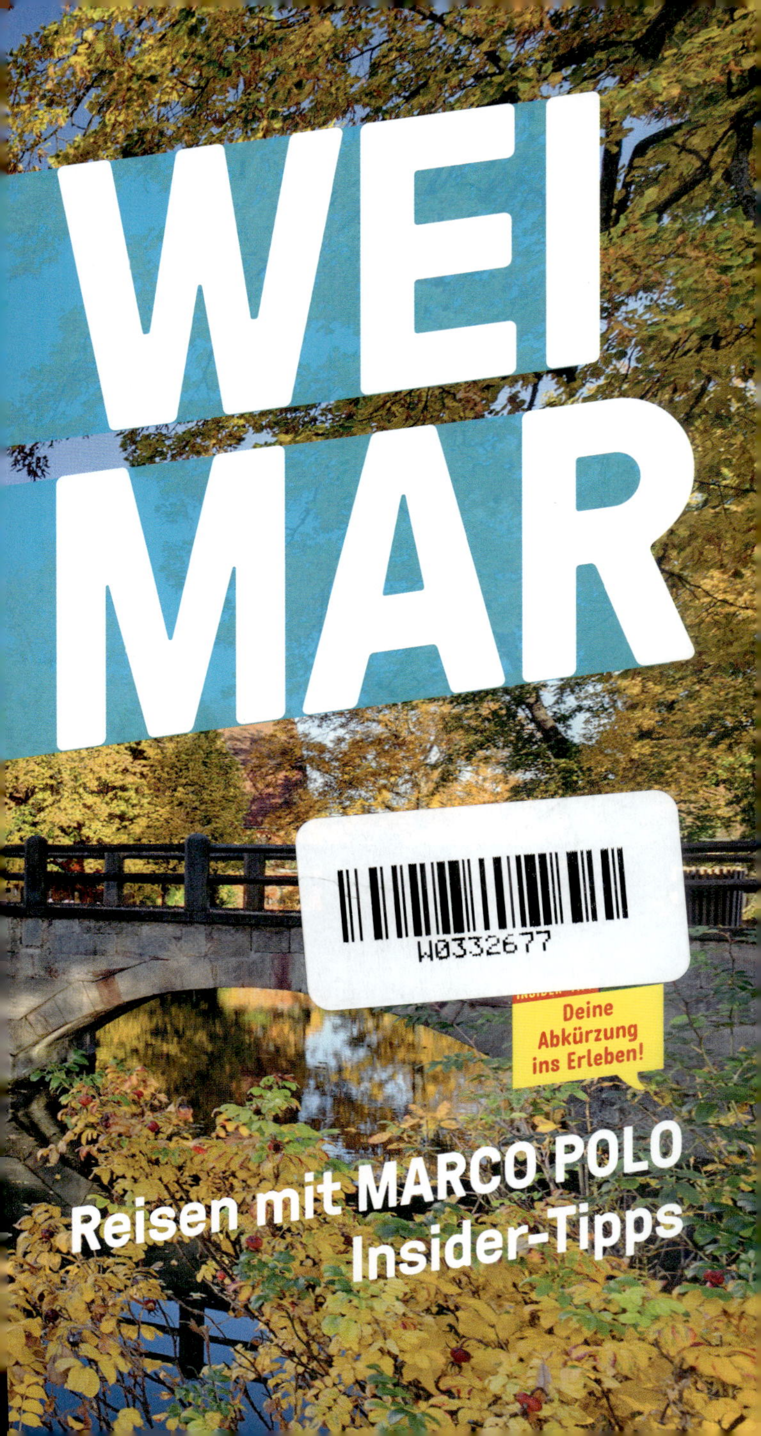
WEI
MAR
Deine Abkürzung ins Erleben!
Reisen mit MARCO POLO Insider-Tipps

MARCO POLO TOP-HIGHLIGHTS

GOETHE-NATIONALMUSEUM ★1

Zu Besuch bei Goethes! Hier lebte und arbeitete der Dichterfürst viele Jahre im Kreis seiner Familie.

📷 *Tipp: Im Arbeitszimmer knipst du ein Foto ohne andere Besucher drauf, denn das kann man nur teilweise betreten.*

➤ S. 34

HERZOGIN-ANNA-AMALIA-BIBLIOTHEK ★2

Prunkvoll ist gar kein Ausdruck: eine ehrwürdige Bibliothek mit allem Drum und Dran – alte Bücher, Stuck, Gemälde und Büsten berühmter Köpfe (Foto).

➤ S. 36

PARK AN DER ILM ★3

Lass dich durch den riesigen Park treiben, und werde im grünen Herzen der Stadt zum Entdecker.

📷 *Tipp: Das Tempelherrenhaus ist ein mystischer Anblick. Es war schon auf einem Plattencover.*

➤ S. 46

HAUS AM HORN ★4

Das Bauhaus hat in seiner Gründungsstadt nur ein einziges Haus gebaut. Ein Must-see, nicht nur für Architekturfans!

📷 *Tipp: Die Außenansicht des quaderförmigen Baus eignet sich super zum Spielen mit Licht und Perspektive.*

➤ S. 49

HISTORISCHER FRIEDHOF ★5

Efeu umarmt verwitterte Grabsteine, in einer Gruft sind die Särge berühmter Weimarer aufgebahrt. Ein andächtiger Ort.

➤ S. 49

GEDENKSTÄTTE BUCHENWALD 6

Eindrückliche Führungen, sehr gute Ausstellungen – ein Besuch im ehemaligen Konzentrationslager bleibt in Erinnerung.

➤ S. 52

SCHLOSS & PARK BELVEDERE 7

Beim Spaziergang durch den verwunschenen Park mit Abstecher in die Orangerie darfst du dich absolut herzoglich fühlen.

➤ S. 54

KORIAT-KUCHENMANUFAKTUR 8

Süßes Seelenfutter: verboten leckere Kuchen und Tartes aus einer kleinen Manufaktur.

➤ S. 67

SCHARFE ECKE 9

In Weimar musst du mindestens einmal gute Klöße essen. Die gibt's in der Scharfen Ecke.

Tipp: Wenn das Lokal geöffnet ist, steht vor der Tür die Kloßmarie.

➤ S. 73

DEUTSCHES NATIONALTHEATER 10

Weimars Top-Adresse für Schauspiel – und für geballte Stadtgeschichte an einem Ort.

Tipp: Lichte das Goethe-Schiller-Denkmal umringt von Skatern oder Eisläufern mit dem Theater im Hintergrund ab.

➤ S. 89

INHALT

BESSER PLANEN
MEHR ERLEBEN!

Digitale Extras
go.marcopolo.de/app/wei

Besuch planen
€–€€€ Preiskategorien
Bei Regen
Low Budget
Mit Kindern
Typisch

(A2) Herausnehmbare Faltkarte
(a2) Zusatzkarte auf der Faltkarte
(0) Außerhalb des Faltkartenausschnitts

MARCO POLO

DIGITALE EXTRAS

Werde Teil unserer Reise-Community und folge uns auf **Instagram** und **Facebook!**

DIGITAL NOCH MEHR ERLEBEN

1. Website besuchen
2. Die digitale Welt von MARCO POLO entdecken
3. App runterladen und ab in den Urlaub

Alle Infos zum digitalen Angebot unter **marcopolo.de/app**

DAS BESTE ZUERST

Im Ilmpark lässt es sich aushalten – fand auch Goethe in seinem Gartenhaus

BEST OF

BEI REGEN

SCHÖN, AUCH WENN ES REGNET

SCHAU BEI GOETHE VORBEI

Wie ging's dem Dichterfürsten an einem Regentag? In seinem Wohnhaus kannst du's ihm nachfühlen. Danach geht's ohne nass zu werden in die Ausstellung im selben Gebäude. Und wenn es dir dann immer noch zu grau draußen ist, setz dich ins Hör- und Lesekabinett des *Goethe-Nationalmuseums* und lass dir Auszüge aus Goethes Werken vorlesen.

➤ S. 34

TRÄUMEN MIT KLASSIK

Wenn du beim Spaziergang im Ilmpark vom Regen überrascht wirst, setz dich ins *Liszt-Haus* (Foto), schließ die Augen, und lausch der klassischen Musik. Hier lässt es sich aushalten, bis der Himmel wieder blau ist.

➤ S. 45

SO RICHTIG WARM WERDEN

Kalt und nass draußen? Nass ist es in der *Toskana-Therme* auch, aber dafür schöööön warm! Nach dem Bad im Heilwasser geht's ab in die Panoramasauna: Von da aus kann sogar ein Regentag ganz versöhnlich aussehen.

➤ S. 93

KUNST UND GUTES ESSEN

Im *ACC-Café-Restaurant* tröstest du dich mit einem der leckeren Tagesgerichte und einem süßen Stückchen aus der Koriat-Kuchenmanufaktur. Danach schaust du dir ein Stockwerk höher die aktuelle Ausstellung in der *ACC-Galerie* an, während der Regen an die Fenster prasselt.

➤ S. 70, 37

GRAUE TAGE? BUNTE BILDER!

Was will man bei Regen mehr als Beine hochlegen, sich ins Sofa einkuscheln und einen Film schauen? Also ab ins *Lichthaus!* Vergiss das Wetter, und tauch im Programmkino im alten E-Werk in andere Welten ab.

➤ S. 88

ÜBER DEN DÄCHERN DER STADT

Für einen tollen Ausblick über Weimar zahlst du nicht viel, wenn du die steilen Stufen zur *Türmerwohnung* der Jakobskirche hochkletterst. Es wird nur um eine kleine Spende gebeten. Auf einer Bank auf dem Jakobsfriedhof kannst du vor dem Aufstieg deine Puste sammeln.

➤ S. 41

EINE KARTE, ALLES GUT

Für 32,50 Euro kriegst du in Weimar eine Menge: Mit der *Weimar-Card* fährst du 48 Stunden lang kostenlos Bus, hast freien Eintritt in vielen Museen und bekommst weitere Vergünstigungen. Perfekt für deinen Wochenendtrip.

➤ S. 117

HEISS, FETTIG, GÜNSTIG

Wenn dich der Hunger plagt, aber die Urlaubskasse nicht mehr viel hergibt, wirst du bei *Fritz Mitte* garantiert trotzdem satt. Die besten Pommes der Stadt mit ausgefallenen Mayonnaisekreationen kommen in großen Portionen.

➤ S. 68

ZWEI MIT EINEM TICKET

Mit dem günstigen Kombiticket für das *Glocken-Stadt-Museum* (Foto) und das *Kunsthaus Apolda Avantgarde* fährst du richtig gut: Erst ein eigenes Glockenkonzert geben, dann einmal über die Straße und internationale Kunst gucken.

➤ S. 57

INS UMLAND HÜPFEN

Nur mal fix für einen Tagesausflug nach Erfurt oder Jena: Dank dem *VMT-Hopper-Ticket* entdeckst du Weimars schöne Umgebung extra günstig. Für 9,90 Euro kommst du ans Ziel und wieder zurück. Deine Kids oder Enkel fahren sogar kostenlos mit.

➤ S. 115

BEST OF

MIT KINDERN

SPANNENDES FÜR GROSS & KLEIN

FLATTERNDER HÖHLENGUIDE

Kinder lieben Höhlen. Also ab unter die Erde in die *Parkhöhle!* Fragt am Eingang nach der Museumsbox, damit ihr den Besuch zusammen mit Fledermaus Flemar erleben könnt.

➤ S. 46

EIN RESTAURANT FÜR ALLE

Als wäre das leckere Essen aus regionalen Zutaten in *Gretchens Restaurant & Café* nicht genug! Für Familien gibt's obendrauf ein Sahnehäubchen: Eltern dürfen durchatmen, während sich der Nachwuchs in der Spielecke oder Kletterhöhle austobt.

➤ S. 71

RUCKSACK FÜR ENTDECKER

Rucksack auf und ab ins Abenteuer! Bei einer *Entdecker-Tour* auf den Spuren des Bauhauses, durch den Ilmpark oder in Goethes Garten kriegen kleine Leute große Augen. Die Rucksäcke leiht ihr für 5 Euro plus Pfand im Wittumspalais, Bauhausmuseum oder Schloss Belvedere *(klassik-stiftung.de)*.

ANFASSEN ERLAUBT

Geschichte zum Anfassen – hier stimmt's mal wirklich. Im *Museum für Ur- und Frühgeschichte Thüringens* reist ihr bis zu 400 000 Jahre in die Vergangenheit. Und dabei ist Ausprobieren ausdrücklich erwünscht.

➤ S. 50

AUSTOBEN UND ABKÜHLEN

Kletterwald, Adventuregolf, Bogenschießen – im *Aktivpark Hohenfelden* könnt ihr euch richtig auspowern. Wenn das Wetter passt, springt hinterher in den *Stausee* direkt nebenan!

➤ S. 93

KOSTENLOSE KLASSIKER

Deine Kinder haben's gut bei der Klassik-Stiftung. Sie dürfen in alle Museen umsonst rein.

➤ S. 116

BEST OF

TYPISCH

DAS ERLEBST DU NUR HIER

MEHR ALS THEATER

An kaum einem Ort in Weimar ballt sich so viel Geschichte wie am *Deutschen Nationaltheater* (Foto). Komm ein bisschen früher zur Vorstellung, und schnupper rein in die Vergangenheit der Stadt, bevor die Schauspieler auf der berühmten Bühne dich in andere Welten entführen.

➤ S. 30, 89

EIN ECHTES BAUHAUS

Vorsicht: Wenn du im *Haus am Horn* vorbeischaust, willst du am Ende gleich einziehen. Geht aber leider nicht. Es ist das einzige vom Bauhaus errichtete Gebäude in Weimar – das wollen auch noch andere sehen.

➤ S. 49

GANZ NAH DRAN AN SCHILLER

Man hat fast das Gefühl, der Dichter wäre nur kurz um die Ecke zu Goethe gegangen und würde gleich wieder zur Tür reinkommen. Mamas handgeschriebene Kochrezepte, selbst gebasteltes Spielzeug der Kinder und Originalmöbel: Im *Schiller-Museum* guckst du in den Alltag der Schillers rein.

➤ S. 33

WEIMAR FÜR ZU HAUSE

Inspiriert vom Bauhaus? Versuch dich daheim als Architekt und bau das Haus am Horn in Miniatur nach. Oder stellst du dir lieber eine Goethe-Büste als Erinnerung ins Bücherregal? In den *Museumsshops der Klassik-Stiftung* findest du diese und andere Souvenirs – und bestimmt für dich das Richtige.

➤ S. 81

RUNDES ABENDPROGRAMM

Der *C.Keller* am Markt hat einiges zu bieten: Drinks, Literatur, Musik, Kunst. Was Weimar eben ausmacht. Der Jazz am Montagabend ist ein verlässlicher Termin für guten Sound.

➤ S. 88

SO TICKT WEIMAR

In Weimar gehen die Klassiker mit der Zeit: Goethe mit Maske

ENTDECKE WEIMAR

Kunst auf Schritt und Tritt: Am Frauenplan hat es sich ein Riese bequem gemacht

Goethe und Schiller inmitten von Skatern, historische Fassaden, die dank modernster Projektionstechnik ein neues Gesicht bekommen, Bach mit Technosound – immer, wenn man denkt, man kriegt Weimar zu fassen, entgleitet es wieder. Weimar, das ist mehr als Goethe und Schiller, das ist Barhopping in der Altstadt, das ist Sonnenbaden im historischen Park. Und vor allem eins ist Weimar entgegen seinem Ruf nicht: verschlafen!

AUS ALT MACH NEU

Einschlafen wirst du in Weimar an einem Samstagabend zwar ganz in Ruhe, wenn du das willst. Die Stadt ist aber mit Sicherheit noch wach. Wenn du das richtige Sträßchen oder Gässchen kennst, kannst du genauso gut ein Bier oder ein Glas Wein unter Studierenden der zwei Hochschulen, Touristen und Weima-

899 Erste urkundliche Erwähnung Weimars als „Vvigmara"

1552 Weimar wird Residenz des Herzogs Johann Friedrich des Großmütigen

1759 Herzogin Anna Amalia übernimmt für ihren Sohn Carl August die Regierungsgeschäfte, bis er volljährig ist

Um 1800 Weimarer Klassik: Goethe, Schiller, Wieland und Herder wirken in Weimar

1919 Das Staatliche Bauhaus wird gegründet. Die verfassunggebende Nationalversammlung tagt in Weimar

rern trinken. Die Clubkultur mag nicht mit der von Großstädten wie Berlin vergleichbar sein. Dafür gibt es eine Menge schöner und uriger Bars und Kneipen, die du unbedingt kennenlernen musst. Aber nicht nur das, viele historische Orte wurden von Initiativen oder Vereinen aufgepeppt und ins Heute geholt: Geh ins Kino im alten E-Werk, besuch ein Kulturzentrum in einer alten Schule oder hör dem Bürgerradio zu, das aus einem Lesesaal aus Weimars silbernem Zeitalter sendet. Heute und Damals existieren miteinander.

LUST AUF MUSEENHOPPING?

Wenn du die Weimarer Museen entdecken willst, hast du eine große Auswahl. Aber auch hier ist die Stadt nicht bei Goethe und Schiller stehengeblieben. Musikliebhaber, Designfanatiker und Freizeithistoriker, alle kommen auf ihre Kosten. Ausstellungen zu den beiden Dichtern gibt es trotzdem genug, keine Sorge. Die vielfältige Museenlandschaft bietet eine Mischung aus Klassikern, wie dem Goethe-Nationalmuseum, und modernen Häusern, zum Beispiel den zahlreichen Galerien. Mit dem 2019 eröffneten Bauhausmuseum wurde dem Quartier Weimarer Moderne Leben eingehaucht. Das Areal beleuchtet vor allem die ambivalente Geschichte der Stadt vom Ende des 19. Jhs. bis in die Gegenwart. Auch das 2019 neu eröffnete Museum Neues Weimar und die durch das Bauhaus-Museum kuratierte Ausstellung im Gauforum zur Geschichte des Gebäudes gehören dazu. Nicht zuletzt ist Weimar Unesco-Welterbe-Stadt: Alle bis auf eine der thüringischen Welterbestätten sind hier zu finden.

1937 Die Nationalsozialisten errichten das KZ Buchenwald

1948 Das Deutsche Nationaltheater wird mit Goethes „Faust" wiedereröffnet

1989 Friedliche Revolution in der DDR

1999 Weimar ist „Kulturhauptstadt Europas"

2004 Ein Brand in der Herzogin-Anna-Amalia-Bibliothek vernichtet ca. 50 000 Bücher

2023 Wiedereröffnung des Stadtschlosses nach Sanierung

VORDENKER UND NACHFOLGER

Das Bauhausmuseum ist nicht die einzige Erinnerung an die Zeit, in der Walter Gropius in Weimar das Staatliche Bauhaus gründete. Heute tritt die Bauhaus-Universität das Erbe einer der einflussreichsten Kunstschulen des 20. Jhs. an. Jedes Jahr im Juli laden die Studierenden zur Summaery, ihrer Jahresschau. Vier Tage lang hast du die Chance, in Arbeitsräumen und Werkstätten zu sehen, was der Bauhaus-Nachwuchs aus der Tradition gemacht hat. Performances, Ausstellungen oder Filmvorführungen stehen auf dem – kostenlosen – Programm. Nie kommst du dem Bauhaus von damals und heute näher als an diesen Tagen. Daneben solltest du dir zum Beispiel das Haus am Horn ansehen, ein Musterhaus aus den 1920er-Jahren, oder das Wohnprojekt Neues Musterhaus, das die Bauhaus-Ideen in die Zukunft führen will.

INSIDER-TIPP
Erleb den Bauhaus-Nachwuchs

KREATIVITÄT HAT TRADITION

Und auch sonst ist Weimar im Heute angekommen, ohne den kreativen Geist von Goethe, Gropius und Co aufzugeben: Beim Spacekid-Headcup brettern selbst gebastelte, wahnwitzig gestaltete Seifenkisten die Straßen runter, beim Festival Genius Loci bespielen internationale Künstler Häuserfassaden mit Projektionen, beim Poetryfilmfestival werden experimentelle Kurzfilme gezeigt und diskutiert und beim Yiddish Summer versammeln sich Musiker und Wissenschaftler aus der ganzen Welt in Weimar. Die Stadt kann Kunst ganz klassisch, aber auch ganz anders.

AM PULS DER STADT

Französisch, italienisch, thüringisch oder doch lieber koreanisch? Weimar bietet nicht nur in Sachen Kunst internationale Qualität, sondern auch bei der kulinarischen Auswahl. Wenn du also an einem warmen Sommerabend in der Stadt bist, such dir eins der vielen Restaurants und Bistros aus und genieß das Essen in der Abendsonne. Und dann spazierst du durch die kleinen Gässchen der Altstadt und zum Theaterplatz. Setz dich auf eine der Bänke vor Herzogin Anna Amalias Wittumspalais und genieß die Stimmung. Hier versammelt sich alles, was die Stadt ausmacht: Direkt vor dir erinnern Goethe und Schiller, in Bronze gegossen, an die Zeit der Weimarer Klassik. Hinter ihnen steht das Deutsche Nationaltheater, in dem sich Deutschland seine erste demokratische Verfassung gab. An der Seite des Gebäudes erinnern Gedenktafeln an den Zweiten Weltkrieg und Weimars Geschichte im Nationalsozialismus. Und auch zu DDR-Zeiten wurde das Theater bespielt. Du siehst Touristen, die durchs Zentrum schlendern, Eis schleckende Familien, Studierende, die sich auf ein Bier treffen. Im Sommer tanzen manchmal Paare Tango und Skater üben ihre Tricks, während sich anderswo die ersten Besucher fürs Theater schickmachen. Der Theaterplatz zeigt: Weimar hat viele verschiedene Seiten. Langweilig muss es hier wirklich niemandem werden.

AUF EINEN BLICK

65 000
Einwohner

fast elfmal so viele wie zu Goethes Zeiten

2 PROZENT
Bevölkerungsrückgang seit 1989, Thüringen: 19,2 Prozent

4700
Studierende

rund 0,2 Prozent aller deutschen Studis

8,42 km²
Fläche

Berlin ist ca. 105-mal so groß

HÖCHSTER BERG: GROSSER ETTERSBERG

481 m
Zugspitze: 2962 m

15 cm
Mindestlänge einer original Thüringer Rostbratwurst laut EU-Verordnung

GRÖSSTER PARK: PARK AN DER ILM

48 ha
größer als 67 Fußballfelder

20 UNESCO-WELTERBE-STÄTTEN

3 Bauhaus-Stätten, 16 Orte des „Klassischen Weimar", Goethes Nachlass als Weltdokumentenerbe im Goethe-und-Schiller-Archiv

14 HERZEN
zeigt das Stadtwappen, so viele wie kein anderes in Deutschland

14 VERSCHIEDENE MELODIEN

mit Weimar-Bezug spielt das Glockenspiel aus Meißner Porzellan im Rathaus

WEIMAR VERSTEHEN

ABGESPACT

Jedes Jahr am 1. Mai fliegen in Weimar die Fetzen. Da jagen sich alte und junge adrenalingeladene Piloten in selbst gebastelten Gefährten mit Namen wie „Rennschnecke Uschi" oder „Donnertonne" gegenseitig den Berg runter. Der sogenannte ⚑ *Spacekid-Headcup (skhc.de)* ist das legendäre Seifenkistenrennen der Stadt, das seit 1991 traditionell von der Weimarer Studierendenschaft organisiert wird. Beim Rennen gibt es nicht nur Punkte für Geschwindigkeit, sondern auch für die kreative Gestaltung der Seifenkisten. Deswegen überbieten sich die Bastler der – selbstverständlich Tüv-geprüften – Wagen regelmäßig selbst. Wer sich nun nicht gleich in der eigenen Seifenkiste den Berg runterstürzen möchte, kann sich auch erst mal an den Rand der Rennstrecke stellen und mit anfeuern.

Wenn du gerne Party machst, organisier dir auf jeden Fall eine Karte für die *Jubelfeier* im Anschluss. Da entlädt sich die geballte Kreativität des jüngsten Jahrgangs der Bauhaus-Universität in der angeblich besten Party des Jahres. Als Gast wirst du jedes Jahr aufs Neue in eine andere ausgefallene Location eingeladen und kannst dir, umgeben von beeindruckenden Lichtinstallationen, bis in die frühen Morgenstunden verschwurbelte Elektromusik reinziehen.

ÜBERIRDISCH

Achtung, Achtung! Die Raumstation *(raumstation.org)* hat in Weimar angedockt. 2013 wurde das Kollektiv gegründet, mittlerweile gibt es die interdisziplinäre Plattform vor allem junger Leute auch in Wien und Berlin. Eine Stadt soll ein Ort für die Menschen sein, die in ihr leben – deswegen will die Raumstation mit Anwohnern ins Gespräch kommen, statt nur darauf zu warten, dass sich irgendwann etwas ändert. Es geht um Themen wie steigende Mietpreise oder verschwindende Brachflächen. Welche Möglichkeiten bietet der öffentliche Raum? Wo hat Weimar Potenzial? Was wünschen sich die Menschen vor Ort? Die Raumstation will das herausfinden. In Weimar wird nicht gewartet, in Weimar wird gemacht.

EINE FRAGE DER EINSTELLUNG

Und die Antwort lautet 106,6! Unter dieser Frequenz empfängst du ⚑ *Radio Lotte (radiolotte.de),* das Weimarer Stadtradio. Das Studio befindet sich auf dem Goetheplatz, du musst nur nach einem Gebäude mit Säulenfassade Ausschau halten. Wenn dich der Anblick an Griechenland erinnert, liegst du richtig. Der sogenannte Niketempel ist zum Teil dem Tempel der Siegesgöttin Nike in Athen nachempfunden. 1860 wurde er als Lesesaal mit verschiedenen Zeitschriften eingerichtet, heute dreht sich hier wieder alles um Informationen aus Gesellschaft, Kultur und Politik. Nur eben zum Hören. Weimarer Bürger können im Niketempel selbst Radio machen. Vom Schüler über die hippe Bauhaus-Studentin bis zum Rentner ist bei Radio Lotte jede Stimme vertreten. Entsprechend vielfältig ist das Programm: Shows, die lokale Musik promoten, DJs, die nur Hits der 60er und 70er spielen, Unisendungen, Hörspiele oder Kultursendungen, in denen das lokale Kinoprogramm besprochen wird. Jeden Morgen zwischen 6 und 12 Uhr und jeden Abend zwischen 18 und 19 Uhr läuft das Magazin „Stadtzeit" mit Musik, Veranstaltungstipps und halbstündlich aktuellen Nachrichten aus Weimar und der Welt. Wenn du gerade kein Radio zur Hand hast, findest du das Weimarer Stadtradio auch als Livestream im Internet.

INSIDER-TIPP
Hör mal, was geht

ZEITZEUGIN

Sie ist wirklich nicht die größte Stadt, Weimar. Deswegen ist es umso beeindruckender, wie viel Geschichte du auf engem Raum findest. Nicht nur Goethe und Schiller haben hier während der Weimarer Klassik gelebt, auch der Dichter Christoph Martin Wieland und der Philosoph Johann Gottfried Herder waren in Weimar anzutreffen. Dass sich damals so viele kluge Köpfe in der Stadt versammelten, ist vor allem Herzogin Anna Amalia und ihrem Sohn, Herzog Carl August, zu verdanken. Beide liebten die Kunst. Und als herzogliche Familie hatten sie auf jeden Fall die nötige Ausstrahlung und Überzeugungskraft, um die Dichter und Denker der Zeit für Weimar zu gewinnen. Das ist aber noch längst nicht alles an Geschichte: 1919 tagte im Deutschen Nationaltheater die verfassunggebende Versammlung der Weimarer Republik. Der Nationalversammlung gehörten übrigens auch 37 Frauen an. Ein paar

Stark: Parlamentarierinnen der Nationalversammlung von 1919

Auch zu DDR-Zeiten ein Touristenziel: Markt mit Stadthaus und Cranachhaus

Jahre später wurde viel von diesem Fortschritt wieder rückgängig gemacht: Adolf Hitler war häufig in der Stadt zu Besuch, Weimar war eine NSDAP-Hochburg, der NS-Reichsjugendführer Baldur von Schirach wuchs hier auf. Auch diese Zeit hat Spuren hinterlassen, die du noch immer sehen kannst, wie das ehemalige Konzentrationslager Buchenwald, das heute eine Gedenkstätte ist. Bevor es allerdings zum Mahnmal wurde, diente es zwischen 1945 und 1950 unter sowjetischer Besatzung als Internierungslager. Ab Oktober 1949 war Weimar dann Teil der DDR. In dieser Zeit verlor die Stadt etwas an Bedeutung. Als Touristenziel war sie aber auch bis 1990 wichtig: Der Markt, wie du ihn heute siehst, wurde zu DDR-Zeiten nach historischem Vorbild wiederaufgebaut.

UTOPISCH WOHNEN

Weimar ist kreativ. Und weil sich Kreativität meistens auf alle Lebensbereiche auswirkt, wird hier auch kreativ gewohnt. Es gibt zahlreiche Wohnprojekte mit innovativen Finanzierungsmodellen in der kleinen Stadt: *Alte Feuerwache, Gelbe Zora, Gerber* – die Liste ist lang. Jetzt ist sie um einen Namen länger geworden: *Bauhaus Eins – Neues Musterhaus (bauhaus eins.de).* Das Gründerhaus aus den 1880er-Jahren in der Bauhausstraße 1 wird von Künstlern, Handwerkern oder einfach Visionären bewohnt und nebenbei von ihnen saniert. Dafür müssen sie keine Miete zahlen. Die Renovierung läuft im Einklang mit den Ideen des Bauhauses. Altes wird erhalten, das Gebäude soll ökologischen und sozialen Standards unserer Zeit entsprechen, es gibt Platz für Ausstellungen und Projekte. Ein neues Musterhaus eben.

Die Stadt Weimar ist offen für solche Experimente. Sie möchte etwas gegen den Leerstand alter Gebäude tun und die vom Tourismus geprägte Innenstadt lebendig halten. Deshalb unterstützt sie manches ungewöhnliche Projekt. Wobei das meiste Engagement aber immer noch von den Bürgern selbst kommt. Das Gebäude in der Bauhausstraße 1 hat der berühmten Gestalterschule bei ihrem Auf und Ab zugeschaut, jetzt soll es mit ihren Ideen in die Zukunft geführt werden. Na dann.

INSIDER-TIPP
Hallo, altes Haus!

Willst du dir das spannende Projekt Bauhaus Eins mal ansehen? Auf der Website kannst du dich schlaumachen und deinen Besuch ankündigen.

WEIMAR FOR FUTURE

Was 2018 in Schweden begann, hat sich rasant verbreitet. Auch in Weimar gibt es eine aktive Fridays-for-Future-Gruppe, in der junge Menschen regelmäßig zum Streik für das Klima aufrufen. Wenn du dich in der Stadt umschaust, wirst du an manchen Häusern auch grüne Hausnummern entdecken: Die kann beantragen, wer besonders energieeffizient wohnt und regenerative Energien und baubiologisch vertretbare Materialien nutzt. Weimarer, die wissen möchten, wie viel Strom die Geräte in ihrer Wohnung verbrauchen, können sich in der Stadtbibliothek die Energiesparbox ausleihen. Das enthaltene Messgerät entlarvt Stromfresser. Du willst bei deinem Weimar-Besuch auch grün unterwegs sein? Dann nimm deinen Mehrwegbecher mit! Im Netz findest du unter *short.travel/wei2* eine Liste mit Cafés, die dir gern deinen Kaffee reinfüllen. Die Aktion ist Teil eines gemeinsamen Projekts von Stadtverwaltung und BUND.

DRAMATISCH

Drama gibt es in Weimar vor allem auf den vielen Bühnen: Untrennbar mit der Stadt verknüpft ist eine lange Theatertradition. Die Werke von Goethe und Schiller werden aber nicht mehr von Schauspielern in verstaub-

KLISCHEE KISTE

ÜBERALL DICHTER

Sie verfolgen dich durch die ganze Stadt: Goethe und Schiller! Du flüchtest vor ihren bronzenen Blicken vom Theaterplatz, landest auf der Schillerstraße mit Schillers Wohnhaus, kannst am Ende abbiegen zu Goethes Wohnhaus oder zum Marktplatz, vorbei an Gebäuden, wo Schiller angeblich gegessen hat. Ruhelos irrst du durch den Ilmpark, wo Goethes Gartenhaus und das Römische Haus an den Dichter erinnern. Wer Schiller und Goethe aus dem Weg gehen will, wird es schwer haben. Nimm's mit einem Lächeln: Weimar ist eben ein bisschen stolz auf die beiden.

DAS RENTNERPARADIES

Erhobene Regenschirme, denen eine Gruppe Senioren folgt – in Weimar keine Seltenheit. Zugegeben: Man sieht viel graues Haar, und manchmal fragt man sich, wo die jungen Leute sind. Ist ja auch kein Wunder, dass Weimar so attraktiv ist für ältere Semester: kurze Wege, schöne Gebäude, große Geschichte. Aber auch wenn sich die Stadt vermehrt auf diese Gäste einrichtet und viele ältere Menschen hier leben, ist sie keineswegs ein Rentnerparadies. Junge Leute haben sich Orte geschaffen, an denen sie sich treffen, feiern, Zukunft machen. Man muss nur etwas suchen.

ten Gewändern aufgeführt. Das *Deutsche Nationaltheater* präsentiert ihre Stücke modern aufgehübscht. Das Haus war früher das Hoftheater, es wurde von Goethe höchstpersönlich geleitet. Heute siehst du hier auch Inszenierungen wie „A Clockwork Orange", unterlegt mit Musik der Band Rammstein. Du magst lieber kleinere Bühnen? Gibt's auch, zum Beispiel im *Galli-Theater* oder im *Clubtheater Weimar.* Schau dich auch auf der Homepage des *Stellwerks Weimar (stellwerk-weimar.de)* um. Das junge Theater bietet vor allem Menschen bis 30 Gelegenheit, selbst auf die Bühne zu steigen. Im *Theater im Gewölbe* erlebst du intime Aufführungen, die sich, oft mit einem kleinen Augenzwinkern, um die Weimarer Helden Goethe und Schiller drehen: modern und überraschend inszenierte Klassiker oder satirische Auseinandersetzungen mit den Dichtern. Seiner Theatertradition bleibt Weimar nicht nur treu, es erfindet sie auch immer wieder neu.

BEGEGNUNGSRAUM

Bei der OMA ist's gemütlich, mit der OMA kann man Projekte verwirklichen. In der *Other Music Academy (ot hermusicacademy.eu),* so heißt die OMA ausgeschrieben, finden auch Tanzworkshops statt, haben Künstler ihre Ateliers, wird Kaffee getrunken und Musik gemacht. Es ist eine Begegnungsstätte für die unterschiedlichsten Menschen – jeder ist willkommen. Durchstreift man die Räume des ehemaligen Schulgebäudes, kommt man sich vor wie in einem Arthousefilm. Hinter jeder Tür wartet ein neuer faszinierender Raum: groß, leer, mal mit einem einsamen Flügel, der darauf wartet gespielt zu werden, mal mit einer verwaisten Plattensammlung. Dieses Haus will mit Leben gefüllt werden. Und das passiert vor allem während des *Yiddish Summer.* Dann wohnen hier Künstlerinnen und Künstler aus aller Welt und präsentieren ihr Können in ganz Weimar. Das alles ist der Vision von Dr. Alan Bern zu verdanken, der nach einem Wochenendworkshop zu jiddischer Musik im Jahr 1999 den Yiddish Summer ins Leben rief. Für seine Pläne bot ihm die Stadt 2009 das alte Schulgebäude an. Der Yiddish Summer ist mittlerweile eines der wichtigsten Sommerfestivals für traditionelle und zeitgenössische jiddische Kultur weltweit. Sein Spirit lebt auch den Rest des Jahres in der OMA fort.

SCHÄDELMYSTERIUM

Waren es Grabräuber? Gab es eine große Verschwörung? Oder ist er einfach irgendwo verloren gegangen? Bis heute fragt man sich in Weimar, wo Schillers Schädel abgeblieben ist. Als Friedrich Schiller 1805 starb, gab es die Fürstengruft, wo heute sein Sarg steht, noch nicht. Der Dichter wurde im Kassengewölbe, einem Gemeinschaftsgrab auf dem Jakobsfriedhof, beigesetzt. 1826 wollte der damalige Bürgermeister Carl Leberecht Schwabe Schillers Gebeine bergen, um sie später in die Fürstengruft zu überführen. Das Problem dabei: Im Kassengewölbe waren die Särge mittlerweile geborsten und Schwabe

Wie hätte Goethe wohl „A Clockwork Orange" im Deutschen Nationaltheater gefallen?

musste raten, welcher Schädel zu Schiller gehörte. Er glaubte, ihn an seiner enormen Größe zu erkennen. Heute wissen wir, er lag falsch. Aufwendige DNA-Untersuchungen haben gezeigt, dass die geborgenen Gebeine gar nicht Schillers waren. Wo die echten sind, bleibt ein Rätsel. Der Sarg in der Fürstengruft jedenfalls ist heute leer.

GRÜNDERZEIT

Weimar ist altbacken, und Studierende zählen die Tage, bis sie die Stadt nach ihrem Abschluss wieder verlassen können? Von wegen! Viele der jungen Leute bleiben und bauen sich eine Zukunft auf. Das Gründen und Investieren in die eigene Geschäftsidee erlebt gerade einen kleinen Boom. Junge Weimarer verkaufen selbst gemachtes Eis, rösten Kaffee, eröffnen Kneipen oder nutzen Brachflächen für ein improvisiertes, saisonales Restaurant mit Spitzenküche. Die Studierenden der Bauhaus-Uni bekommen dabei eine extra Unterstützung. Die Gründerwerkstatt Neudeli hilft ihnen, ein tragfähiges Geschäftsmodell zu entwickeln und sich zu vernetzen, und gibt eine kleine finanzielle Starthilfe. Vielleicht liegt es am alternativen Unikonzept des Bauhauses, vielleicht am nicht endenden Touristenstrom, der durch die Stadt zieht und auch in Zukunft finanzielle Absicherung verspricht: Weimar ist keine reine Durchgangsstadt für junge Menschen wie so viele andere ostdeutsche Kleinstädte. Hier gehen sie ein Wagnis ein, bleiben, gründen und tragen ihren Teil zur Zukunft der Stadt bei.

SIGHT SEEING

Weimar – das ist eine Stadt der kurzen Wege, in der auf engstem Raum ein Highlight neben dem anderen liegt. Und zwar sind die Wege so kurz, dass es sich nicht lohnt, mit dem Auto ins Zentrum zu fahren. Diese Stadt eroberst du am besten zu Fuß!

Dabei erwartet dich eine riesige Vielfalt spannender Orte: Es gibt die historischen Altbauten, in denen die berühmten Persönlichkeiten der Stadt residierten, wie das Stadtschloss, das Wittumspalais oder Goethes Wohnhaus. Sie wechseln sich ab mit Museen, die Höhen

Weimars Superstars Goethe und Schiller stehen als Denkmal auf dem Theaterplatz

und Tiefen in Weimars Vergangenheit dokumentieren – das Bauhausmuseum zum Beispiel, die Gedenkstätte Buchenwald oder das Haus der Weimarer Republik. Und das ist längst nicht alles. So vielfältig wie ihre Geschichte sind die Sehenswürdigkeiten dieser Stadt. Übrigens: Sollte doch mal eine interessante Adresse etwas weiter entfernt sein, kannst du einfach mit dem Bus dorthin fahren – ganz schnell auch an den Stadtrand. Bei den Zielen, die nicht unmittelbar im Zentrum liegen, ist in diesem und den folgenden Kapiteln die Haltestelle angegeben.

DIE STADTVIERTEL IM ÜBERBLICK

MARCO POLO HIGHLIGHTS

★ **HERZOGIN-ANNA-AMALIA-BIBLIOTHEK**
Der prachtvolle Rokokosaal ist ein Ort zum Staunen ➤ S. 36

★ **GOETHE-NATIONALMUSEUM**
Ein Raum schöner als der andere: Mach einen Rundgang durch die Wohnung des launischen Genies ➤ S. 34

★ **PARK AN DER ILM**
Nicht einfach nur ein Park, sondern herrlich überraschend ➤ S. 46

★ **HAUS AM HORN**
So geht schickes Design: begehbares Bauhaus-Muster aus den 1920er-Jahren ➤ S. 49

★ **GEDENKSTÄTTE BUCHENWALD**
Eine Führung im ehemaligen Konzentrationslager geht unter die Haut ➤ S. 52

★ **SCHLOSS & PARK BELVEDERE**
Märchenhaft schöner Sommersitz der herzoglichen Familie mit viel Platz zum Schlendern ➤ S. 54

★ **HAUS DER WEIMARER REPUBLIK – FORUM FÜR DEMOKRATIE**
Gegenüber wurde die erste deutsche Demokratie gegründet, die Ausstellung erzählt die Geschichte ➤ S. 31

★ **HISTORISCHER FRIEDHOF**
Vom Efeu überwucherte Gräber, eine Zwiebelturm-Kapelle, eine herzogliche Gruft: Spaziergang an einem verwunschenen Ort ➤ S. 49

Weimar
Eduard-Rosenthal-Straße
NÖRDLICHE INNENSTADT S. 38
Wohnviertel mit spannenden Museen und kleinen Kneipen
Schießhaushölzchen
Friedrich-Ebert-Straße
Friedensstraße
JAKOBS-VORSTADT
Friedensstr.
Graben
SÜDLICHE INNENSTADT S. 30
Hotspots der Weimarer Klassik dicht an dicht
Jenaer Str.
Haus der Weimarer Republik – Forum für Demokratie
Leibnizallee
Herzogin-Anna-Amalia-Bibliothek
Goethe-Nationalmuseum
PARK-VORSTADT
Marienstraße
Am Horn
Haus am Horn
Rudolf-Breitscheid-Str.
Park an der Ilm
Berkaer Straße
SÜDLICH DES ZENTRUMS S. 44
Ruhe zwischen Ilmpark und Jugendstilvillen
Belvederer Allee
Freiherr-vom-Stein-Allee
SÜDSTADT
Schloss & Park Belvedere
200 m
219 yd

WOHIN ZUERST?

Markt *(🕮 d3):* Rings um den Marktplatz stehen schon eine Menge spannender Gebäude, und alle weiteren wichtigen Sehenswürdigkeiten, wie Goethe-Nationalmuseum, Schillerhaus, Deutsches Nationaltheater oder Herzogin-Anna-Amalia-Bibliothek, sind nur einen Steinwurf entfernt. Wenn du mit dem Auto unterwegs bist, stell es im Parkhaus bei der Weimarhalle oder am Beethovenplatz ab und geh die letzten Meter in die Altstadt zu Fuß. Fährst du mit dem Bus ins Zentrum, steig am besten am Goetheplatz oder Wielandplatz aus.

SÜDLICHE INNENSTADT

Die meisten von Weimars Sehenswürdigkeiten liegen in der südlichen Innenstadt.
Die Wohnhäuser Schillers, Goethes oder der Familie Cranach stehen dicht beieinander. Palais reiht sich an Schloss reiht sich an Museum. Kopfsteingepflasterte Gässchen und Flaniermeilen, gesäumt von Läden und Restaurants, verbinden die wichtigen Plätze, wie den Markt und den Theaterplatz. Ringsherum stehen sanierte Altbauten. Auch wenn dieser Teil der Stadt fast vollständig verkehrsberuhigt ist, sorgen die Touristenmassen dafür, dass hier viel Trubel ist.

1 DEUTSCHES NATIONALTHEATER

Im Foyer nippen Theaterbegeisterte und Musikfans an ihren Sektgläsern. Draußen auf dem Theaterplatz zieht der Strom der Touristen vorbei, die immer wieder stehen bleiben, um ein Foto zu schießen. Das Deutsche Nationaltheater – oder DNT, wie man in Weimar sagt – liegt scheinbar unbeeindruckt mitten im Getümmel. Und das, obwohl es 1945 bei einem Bombenangriff weitgehend zerstört wurde. Auch vorher hatte es schon viel erlebt: Als Hoftheater stand es ab 1791 unter der Leitung Goethes, Schiller inszenierte hier sechs Jahre lang, und Franz Liszt hat hier gespielt. Zur Geschichte des Gebäudes gehören aber nicht nur Schauspiel und Musik. 1919 tagte im DNT die verfassunggebende Nationalversammlung. Und einige Jahre später hielt die NSDAP nach Aufhebung des Parteiverbots ihren ersten Reichsparteitag hier ab. Heute thront das Haus wieder ungerührt im Rücken von Goethe und Schiller, die auf dem Theaterplatz als Denkmal verewigt sind. Ein Besuch im DNT ist in Weimar ein Muss. *Theaterplatz 2 | nationaltheater-weimar.de* | *🕮 c3*

2 GOETHE-SCHILLER-DENKMAL

Vor dem Deutschen Nationaltheater thronen die zwei bekanntesten Dichter der Weimarer Klassik. 1857 wurde das berühmte Monument errichtet, Kopien stehen zum Beispiel in San Francisco und nahe Shanghai. Aber mindestens genauso wie Goethe und Schiller prägen den Theaterplatz bei trockenem Wetter die Skater, die rund

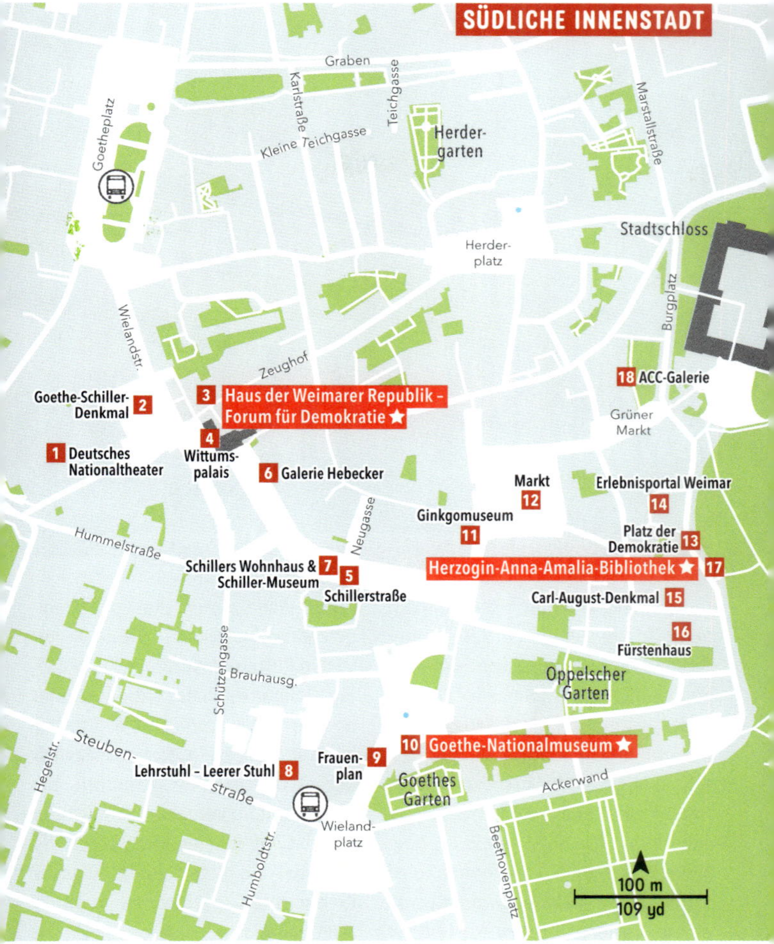

um das Denkmal ihre Tricks üben. Wenn du Weimar im Dezember besuchst, kannst du auf dem Theaterplatz sogar eislaufen. Obwohl Schiller übrigens wesentlich größer war als Goethe, machte Bildhauer Ernst Rietschel beide gleich groß. Er wollte zeigen, dass die beiden literarisch ebenbürtig waren. *Theaterplatz* | *c3*

3 HAUS DER WEIMARER REPUBLIK – FORUM FÜR DEMOKRATIE ★

Genau 100 Jahre nach der Gründung der ersten deutschen Demokratie im Deutschen Nationaltheater eröffnete 2019 gegenüber das Haus der Weimarer Republik. In der Mitte des Ausstellungsraums führt dich ein bebil-

Wittumspalais der Herzogin Anna Amalia – gar nicht schlecht für einen Alterssitz

derter Zeitstrahl durch die politisch aufgeladene Zeit der 1920er-Jahre. Rundherum: Schnipsel von Film- und Radioaufnahmen, interaktive Karten, Dokumente und Zeitungsausschnitte. Die große Frage der Ausstellung lautet: Was bedeutet Demokratie und warum wird sie angegriffen – damals wie heute? *April–Okt. tgl. 9–19, Nov.–März Di–So 10–17 Uhr | Eintritt 5 Euro | tgl. begrenztes Ticketkontingent, vorab online buchen | Theaterplatz 4 | hdwr.de | 1 Std. | c3*

4 WITTUMSPALAIS

Ein schönes Haus für eine starke Frau. Herzogin Anna Amalia von Sachsen-Weimar und Eisenach (1739–1807) war beim frühen Tod ihres Mannes gerade mal 19 Jahre alt, ihr Sohn Carl August erst eins. Deshalb übernahm sie für den Erbprinzen bis zu seiner Volljährigkeit die Regierungsgeschäfte. Sie war es, die in Kultur statt in Rüstung investierte. Sie war es, die Weimar zu einem Ort der Dichter und Denker machte. Das Wittumspalais war ihr Witwensitz, herrschaftlich, dezent protzig, aber gemütlich. Sie zog nach dem verheerenden Schlossbrand 1774 hier ein. Pompöse Polstermöbel, elegante Statuen, filigrane Kronleuchter – es gibt viel zu entdecken, wenn du auf knarzenden Dielen durch die Räume läufst. Könnte auch die Kulisse für eine Märchenverfilmung sein. *Winter Di–So 10–16, Sommer 10–18 Uhr | Eintritt 7 Euro | Am Palais 3 | klassik-stiftung.de/wittumspalais | 1 Std. | c3*

5 SCHILLERSTRASSE

Wie hat es hier wohl ausgesehen, als Schiller noch in dieser Straße gelebt hat? Wo sich heute Buchläden, Drogeriemärkte und Bäckereien aneinanderreihen, findest du auch das ehemalige Wohnhaus des Dichters und das angeschlossene Schiller-Museum. Direkt gegenüber steht der *Gänsemännchenbrunnen* von 1864. Er wurde nach einem Vorbild aus Nürnberg angefertigt und ist einer der beliebtesten Brunnen der Stadt. Auch Goethe, der öfter in Nürnberg zu Besuch war, verliebte sich in die Gänsemännchen-Figur. Er sah darin ein Abbild der Kunst des 16. Jhs. Wenn du die Straße bis zum Ende weiterspazierst, zieht dich der Duft der Bratwürste nach links zum Markt, und von rechts hörst du das Schnauben der Kutschpferde auf dem Frauenplan. *c3*

6 GALERIE HEBECKER

Zwischen dem Deutschen Nationaltheater und Schillers Wohnhaus kannst du dir in der Galerie Hebecker deutsche Kunst des 20. Jhs. anschauen. Zu sehen sind vor allem Bilder von Künstlern, die im Nationalsozialismus oder der DDR unter Repressionen zu leiden hatten oder emigrieren mussten. Ab und an wird auch Gegenwartskunst ausgestellt. *Di–Fr 11–18, Sa 11–16 Uhr | Eintritt frei | Schillerstr. 18 | hebecker.com | 30 Min. | c3*

7 SCHILLERS WOHNHAUS & SCHILLER-MUSEUM

Wenn du dir Schillers Wohnhaus anschaust, stell dich auf schnatternde Schulklassen ein, die von den geduldigen Museumsführerinnen durch die mal mehr, mal weniger engen Räume geschleust werden. Das kann ganz schön laut werden. Macht aber nichts. Einfach den Audioguide ganz fest ans Ohr drücken und in eine andere Etage flüchten. Das Haus, in dem Friedrich Schiller (1759–1805) mit seiner Familie von 1802 bis zu seinem frühen Tod 1805 wohnte, musst du dir nicht auf einem festgelegten Rundgang ansehen. Du kannst recht frei wählen, in welcher Reihenfolge du die Räume abläufst. Auf jeden Fall bist du ganz nah dran am Leben im Schillerschen Haushalt. Die meisten Möbel- und Ausstellungsstücke stammen noch von der Familie selbst – handgeschriebene Kochrezepte von Schillers Mama und selbst gebasteltes Spielzeug der Kinder inklusive. Was du auch nicht verpassen solltest: die Werkstatt *Studiolo (Fr 13–16 Uhr)*. Hier können sich Kinder und Erwachsene kreativ austoben, zum Beispiel beim Silhouettenbasteln oder Kalligrafieren. *Winter Di–So 9.30–16, Sommer 9.30–18 Uhr | Eintritt 8 Euro | täglich begrenztes Ticketkontingent, vorab online buchen | Schillerstr. 12 | klassik-stiftung.de | 1 ½ Std. | c3*

INSIDER-TIPP
Schreiben wie Schiller

8 LEHRSTUHL – LEERER STUHL

Vor der Bibliothek der Bauhaus-Universität steht ein Stuhl. Massiv und stabil wirkt er. Besonders einladend für ein Päuschen ist er allerdings nicht, denn die Sitzfläche befindet sich in 3,50 m Höhe. Die Lehne ist sogar 7,50 m hoch. Die neun Eichenstämme, aus denen das Kunstwerk zusammengezimmert ist, bringen stolze 20 t auf die Waage. Die Großplastik des Bildhauers Hermann Bigelmayr wurde im Jahr 2005 errichtet. Neben den vielen alten Statuen und historischen Brunnen ist sie eine der wenigen modernen Skulpturen, die du in Weimar sehen kannst. *Steubenstr. 6–8* | *c3*

9 FRAUENPLAN

Die Luft riecht nach Kutschpferden, und um dich herum hörst du Kinder lachen. Wenn du die Augen schließt, ist es fast, als würdest zu Goethes Zeit vor dem Wohnhaus des Dichters sitzen, in dem heute das Goethe-Nationalmuseum untergebracht ist. Auch Friedrich Schiller lebte zwei Jahre lang in einem Haus am Frauenplan. Auf der Wiese in der Mitte des Platzes siehst du Stahlrohre, um die sich Kletterpflanzen ranken. Sie geben dir einen Eindruck davon, wie es hier aussah, bevor ein Teil der Häuser 1945 durch einen Bombenangriff zerstört wurde. *c3*

10 GOETHE-NATIONALMUSEUM ★

Ein Blick in *Goethes Wohnhaus* und du erkennst sofort, dass er zur High Society gehörte. Vor allem für Italien hatte der Dichter ein Faible, das ist nicht zu übersehen. Aber Johann Wolfgang von Goethe (1749–1832) hatte nicht nur einen Sinn fürs Schöne, er dachte auch praktisch: In seinem Arbeitszimmer siehst du zum Beispiel ein Kissen, auf das er sich aufstützte, wenn er lange las. In den Räumen, die du heute besichtigen kannst, lebte er rund 50 Jahre lang. Im *Hausgarten* darfst du dich an sonnigen Tagen wie der Dichterfürst selbst oder wie seine Lebensgefährtin und spätere Frau Christiane Vulpius fühlen. Im Erdgeschoss liegt der *Hör- und Lesesaal:* Mach's dir kuschelig und lass dir vom Audioguide Auszüge aus Goethes Werken vorlesen. Das Haus bekam Goethe übrigens von

Der Meeresgott hat den Überblick: Neptunbrunnen auf dem Markt

Herzog Carl August geschenkt, der seinen Freund gerne an Weimar binden wollte. Wenn du viel Energie mitbringst – und das solltest du, es lohnt sich –, dann geht es direkt weiter in die Ausstellung *Lebensfluten – Tatensturm,* die auch zum Museum gehört. Hier kannst du dir Kuriositäten wie die letzte Arzneiflasche Goethes oder Notizen zu seinen großen Werken ansehen. Deine Kinder müssen sich übrigens auch nicht langweilen. Für sie gibt es einen Audioguide, mit dem Goethes Sohn August durch das Wohnhaus führt. *Winter Di–So 9.30–16, Sommer 9.30–18 Uhr | Eintritt 13 Euro | tgl. begrenztes Ticketkontingent, vorab online buchen | Frauenplan 1 | klassik-stiftung.de | 2 Std. | d3*

11 GINKGOMUSEUM

Goethe widmete ihm ein Gedicht, und auch sonst stößt du in Weimar alle naselang auf die besonderen Blätter dieses Baums – die Rede ist vom Ginkgo. Im Ginkgomuseum erfahren Botanikfans und die, die es noch werden wollen, alles über den Baum, dem die unterschiedlichsten Heilkräfte zugesprochen werden. Das Museum ist skurril, aber durchaus lehrreich. *Mo–Fr 10.30–15, Sa/So 10–15 Uhr | Eintritt frei | Windischenstr. 1 | ginkgomuseum.de | 20 Min. | c-d3*

12 MARKT

Stell dich in die Mitte des Markts, direkt neben den *Neptunbrunnen,* den ältesten Brunnen der Stadt. Während der Meeresgott mit seinem Dreizack grimmig in die Gegend guckt, hast du von hier aus einen guten Überblick über die spannenden Gebäude, die sich an diesem Platz versammeln. Und das sind eine Menge: Im Westen steht das neugotische *Rathaus* mit dem *Glockenspiel* aus Meißner Porzellan im Turm. Von dort klingen im Sommer viermal am Tag die Melodien der 35 Glocken über den Markt *(10, 12, 15, 17 Uhr).* Dreh dich weiter nach links, und du schaust auf das legendäre *Hotel Elephant* – schon seit Jahrhunderten ein Treffpunkt der Reichen, Schönen und Wichtigen und eines der ältesten Gasthäuser Deutschlands. Noch ein Stück weiter links siehst du an der Ostseite des Markts eine graue Fassade mit lachsfarbener Fensterumrahmung: das *Cranachhaus.* Im 16. Jh. lebten und arbeiteten hier der Maler Lucas Cranach der Ältere (1472–1553) und sein Sohn Lucas Cranach der Jüngere (1515–1586). Im Gebäude selbst gibt es heute leider nichts mehr zu sehen. Gleich links daneben liegt das *Stadthaus* – ein grün-weißer Renaissancebau –, in dem unter anderem die Tourist-Information untergebracht ist. Auf dem Platz finden das ganze Jahr über Märkte und Veranstaltungen statt. Hier ist also fast immer etwas los. *d3*

13 PLATZ DER DEMOKRATIE

Die Weimarer mochten es schon immer bunt. Die Gebäude am schönen Platz der Demokratie, an dessen oberem Ende ein massives Reiterstandbild des Herzogs Carl August thront, bieten farblich viel Abwechslung. Und damit ist nicht nur das Fürstenhaus mit seinen vergoldeten Balkonen gemeint, dem Carl Augusts Pferd frech den Hintern zukehrt. Das *Grüne Schloss* beherbergt das Hauptgebäude der Herzogin-Anna-Amalia-Bibliothek. Schräg gegenüber liegen das *Rote* und das *Gelbe Schloss,* wo im 16. und 17. Jh. verwitwete Herzoginnen lebten und heute ebenfalls Teile der Bibliothek untergebracht sind. Und jetzt darfst du raten: Welcher Name gehört zu welchem Gebäude? Während man in der beigen Fassade des Gelben Schlosses noch so etwas wie Gelb erkennt, ist das Grüne Schloss mit seinem leichten Roséton schon schwerer zu entdecken. Und erst das Rote Schloss: grau-grünliche Fassade und eine rosafarbene Mauer rundherum! Warum die Schlösser so verwirrende Namen tragen, weiß niemand so genau. Historiker nehmen an, dass es mit den Farben zu tun haben könnte, die die Fensterumrahmungen früher hatten. *d3*

14 ERLEBNISPORTAL WEIMAR

Auf dem Platz der Demokratie sieht man ein höchst wunderliches Gebäude über die historische Coudrey-Mauer ragen. Es ist komplett von Birkenrinde bedeckt und stellt einen architektonischen und farblichen Bruch im Vergleich zur restlichen Bebauung dar. Gedacht ist dieser Ort als eine Art begehbare Infobox, an der sich Besucher über die Stadtgrenzen Weimars hinaus über Thüringer Sehenswürdigkeiten schlaumachen können. Erzählt werden hier Anekdoten in Bild und Ton aus verschiedenen Jahrhunderten Thüringer Geschichte. Drinnen gibts viele Knöpfe zu drücken und Hebel zu betätigen, um selbst auszuwählen, über was man informiert werden möchte. Das Erlebnisportal soll als temporäres Projekt 2026 wieder schließen. *Di–So Sommer 10–18, Winter 10–16 Uhr | Eintritt frei | Platz der Demokratie 4 | klassik-stiftung.de | 20 Min. | d3*

15 CARL-AUGUST-DENKMAL

Siegreich zu Pferde aus der Schlacht heimkehrend, so hätte sich Herzog Carl August von Sachsen-Weimar-Eisenach (1757–1828) bestimmt gerne verewigt gesehen. Der Sohn von Herzogin Anna Amalia war aber nicht nur der Kämpfer, den das Denkmal heute zeigt. Er war auch eine der wichtigsten Figuren der Weimarer Klassik, schätzte und förderte die Künste und holte unter anderem Goethe nach Weimar. Die Bronzestatue des Weimarer Bildhauers Adolf von Donndorf wurde 1875 enthüllt. *Platz der Demokratie | d3*

16 FÜRSTENHAUS

Sei mal ganz still, stell dich vor das Fürstenhaus, und sperr die Ohren auf. Hörst du was? Ein Klavier vielleicht? Oder ein anderes Instrument? Das Gebäude gehört heute zur Hochschule für Musik Franz Liszt. Der berühmte Komponist selbst hat hier nie gelebt, dafür war das Fürstenhaus nach dem Schlossbrand von 1774 fast 30 Jahre lang Wohnsitz der Fürstenfamilie. *Platz der Demokratie 2/3 | d3*

17 HERZOGIN-ANNA-AMALIA-BIBLIOTHEK ★

Der 2. September 2004 hat sich in Weimar buchstäblich ins Gedächtnis

Carl August war ein Kunstliebhaber. Denkt man gar nicht, wenn man sein Denkmal sieht

gebrannt: An diesem Tag brach ein Feuer in der Herzogin-Anna-Amalia-Bibliothek aus, das mehrere Tausend Bücher vernichtete. Heute kannst du die Bibliothek wieder in ihrer vollen Pracht bestaunen. Und staunen wirst du, vor allem im *Rokokosaal:* ein heller Raum, goldene Verzierungen und hohe Regale, bis oben hin mit alten Wälzern gefüllt – ein Traum für Bücherfreaks und Kunstverliebte. Der Renaissancesaal wird derzeit umgeordnet und soll danach barrierefrei für alle Besucher zugänglich sein. Seit Frühjahr 2022 präsentiert eine Ausstellung wichtige Kunstwerke aus der Zeit der Renaissance wie z. B. die Lutherbibel und die Cranachgemälde. *Winter Di–So 9.30–16, Sommer bis 18 Uhr | Eintritt Rokokosaal 8 Euro, Renaissancesaal frei | für Rokokosaal tgl. begrenztes Ticketkontingent, langfristig vorab online buchen | Platz der Demokratie 1 | klassik-stiftung.de | 1 Std. | d3*

18 ACC-GALERIE

Früher mal war das ACC ein besetztes Haus, heute findest du unter seinem Dach unter anderem eine Galerie. Der revolutionär-künstlerische Geist weht noch immer durch die Flure: In den verwinkelten Räumen entdeckst du hinter jeder Ecke was Neues. Schau dir unbedingt die Ausstellungen des von der Stadt Weimar mitgegründeten Internationalen Atelierprogramms an: Über ein Stipendium kommen immer neue internationale Künstler ins ACC und bringen ihre verschiedenen Perspektiven und Erfahrungen mit. Mit dem Bon aus dem Restaurant im Erdgeschoss kommst du noch günstiger rein. Daneben organisiert das Haus regelmäßig Veranstaltungen. Ein Besuch in diesem Kulturzentrum lohnt sich! *So–Do 12–18 Fr, Sa 12–20 Uhr | Eintritt 3 Euro | Burgplatz 1/2 | acc-weimar.de | ⏲ 1 Std. | 🕮 d3*

NÖRDLICHE INNENSTADT

Der historische Stadtkern geht hier in ein Gründerzeitviertel über, das als ruhigeres Wohngebiet zwischen Altstadt und Bahnhof sehr beliebt ist.

Auch wenn in der nördlichen Innenstadt mehrere große Museen wie das Bauhausmuseum, das Museum Neues Weimar oder das Stadtmuseum liegen, leben die Weimarer hier abseits der Touristenmassen. Langweilig ist es trotzdem nicht. Kleine Kneipen und mehrere alternative Wohnprojekte haben sich in dieser Gegend angesiedelt.

19 MUSEUM NEUES WEIMAR

Du findest das Bauhaus spannend und willst mehr darüber erfahren? Dann kommt hier ein Geheimtipp. Die Moderne um 1900 als Zeit des Aufbruchs – im 2019 eröffneten Museum begegnest du Persönlichkeiten wie Friedrich Nietzsche, Harry Graf Kessler oder Henry van de Velde. Schnapp dir einen der Stühle im blauen Harry-Graf-Kessler-Raum, setz dich vor ein Ausstellungsstück, das dich anspricht, und nimm dir die Zeit, es in Ruhe anzuschauen.

INSIDER-TIPP
Frischer Blick aufs Bauhaus

Es lohnt sich, das Museum vor dem Bauhausmuseum zu besuchen. So bekommst du einen viel besseren Blick für Zusammenhänge und Vorläufer der Designschule. Wenn es dich in den Fingern juckt, selbst kreativ zu werden und loszuwerkeln, bist du im *Werkcafé Neo (Mi–So 10–17 Uhr)* richtig. *Mi–Mo 10–18 Uhr | Eintritt 8 Euro | täglich begrenztes Ticketkontingent, vorab online buchen | Jorge-Semprún-Platz 5 | klassik-stiftung.de | Haltestelle Carl-August-Allee | ⏲ 1 ½ Std. | 🕮 c1*

20 GAUFORUM

Wenn man die Shopper sieht, die sich im Einkaufszentrum Weimar-Atrium tummeln, könnte man fast vergessen, wofür der Gebäudekomplex eigentlich gedacht war. Eine architektonische Machtdemonstration der Nationalsozialisten sollte das Gauforum sein, ein Ort, an dem Regierungsmacht und Ideologie zusammenkommen, mit Verwaltungsräumen, Versammlungshallen und -plätzen. Die nie komplett fertiggestellte Anlage gilt als Prototyp für Gauforen, wie sie während des Nationalsozialismus in ganz Deutschland entstehen sollten. Rund 140 Häuser mussten dafür weichen. Auf den 24 Tafeln der € Dauerausstellung im *Turmgebäude (Mo–Fr 8–17 Uhr | Eintritt frei)* erfährst du mehr über die Geschichte des Baus und Weimar im Nationalsozialismus.

Heute sitzt das Thüringer Landesverwaltungsamt im Gauforum. *Jorge-Semprún-Platz | Haltestelle Friedensstr. | 30 Min. | c1*

21 BAUHAUSMUSEUM

Es wurde gespannt erwartet und 2019 zum 100-jährigen Jubiläum der Gestalterschule eröffnet: das neue Bauhausmuseum. Freiräume schaffen, Experimente wagen – mit diesem Konzept will man die Ideen des Bauhauses aufgreifen. Man hat sich bei der Planung des Baus diese Freiräume wohl auch gelassen. In dem doch teilweise unübersichtlichen Bau möchte man eigentlich gerne an die Hand genommen werden, um sich

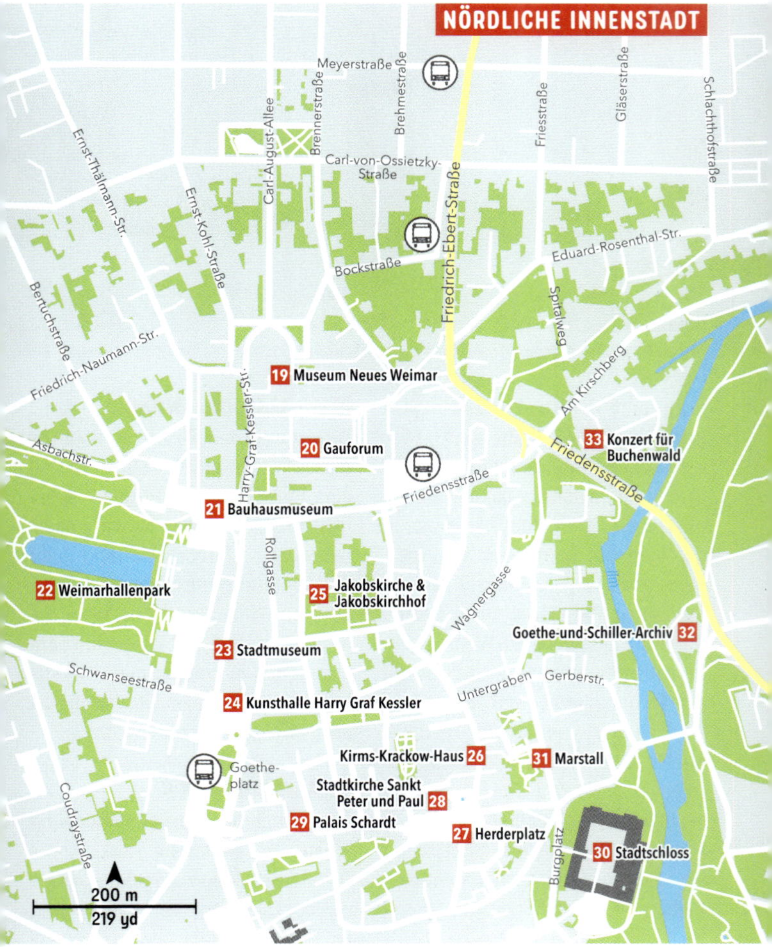

Im neuen Bauhausmuseum heißt die Devise: Freiräume schaffen, Experimente wagen

nicht zu verlaufen. Zu sehen gibts mehr als 1000 Exponate auf fünf verschiedenen Stockwerken. Du kannst in der Ausstellung anfassen, bauen und Probe sitzen. Somit kommst du der Idee des Bauhauses als Experimentierfeld von Architektur, Design, Kunst und Pädagogik durch deinen Museumsbesuch näher. Wenn du ein neueres Smartphone besitzt, lad dir am Eingang unbedingt den Audioguide runter – der schafft Überblick. *Mi–Mo 9.30–18, im Winter bis 16 Uhr | Eintritt 10 Euro | tgl. begrenztes Ticketkontingent, mehrere Tage im Voraus online buchen | Stéphane-Hessel-Platz 1 | klassik-stiftung.de | Haltestelle Ernst-Thälmann-Str. | 1 ½ Std. | c1*

22 WEIMARHALLENPARK

Du bist nach dem Besuch im Bauhausmuseum platt und brauchst erst mal eine Pause? Dann ab in den Weimarhallenpark! Der liegt nämlich direkt neben dem Museum, vor dem Congress-Centrum Neue Weimarhalle. Bei schönem Wetter kannst du sogar deine Füße im Wasser abkühlen. Im Sommer finden hier manchmal Veranstaltungen statt, vor allem dann ist im Park einiges los. *Schwanseestr. | b1–2*

23 STADTMUSEUM

Eine wunderbar knarzige Treppe führt hinauf in den ersten Stock, in die Dauerausstellung zur Stadtgeschichte von der Goethezeit bis 1990 – ein guter Ausgangspunkt, wenn du mehr über die Weimarer Republik erfahren willst. Im zweiten Stock gibt es eine Sonderausstellung zur Weimarer Nationalversammlung. Außerdem lernst du den Verleger Friedrich Justin Bertuch kennen, nach dem das Gebäude – das Bertuchhaus – benannt ist. Für 4 Euro gibt's eine Kombikarte fürs Stadtmuseum und die zugehörige Kunsthalle Harry Graf Kessler. *Di–So 10–17 Uhr | Eintritt 3 Euro | Karl-Liebknecht-Str. 5–9 | stadtmuseum.weimar.de | 1 ½ Std. | c2*

24 KUNSTHALLE HARRY GRAF KESSLER

Klein, aber fein: Collagen, Malerei, Skulpturen, Zeichnungen – hier kann dich alles erwarten! Es lohnt sich, einmal auf die Website zu gucken, was gerade ausgestellt wird. Oder du schaust einfach vorbei und lässt dich überraschen. *Di–So 10–17 Uhr | Eintritt 3 Euro | Goetheplatz 9b | stadtmuseum.weimar.de | 30 Min. | c2*

25 JAKOBSKIRCHE & JAKOBSKIRCHHOF

Jetzt wird's romantisch! In der *Jakobskirche (April–Okt. Mo–Sa 10–16, So 11–16, Nov.–März tgl. 11–14 Uhr)* wurden 1806 Goethe und Christiane Vulpius getraut. Auf dem *Jakobskirchhof*, Weimars ältestem Friedhof, liegt Christiane begraben. Die Abschiedsverse auf der Grabplatte hat Goethe selbst gedichtet. Auch Friedrich Schiller wurde auf dem Friedhof beigesetzt, in einem Gemeinschaftsgrab. Das sogenannte *Kassengewölbe* steht heute als Nachbildung hier, und Schillers Gebeine sind nicht mehr da (s. S. 24). An großen Namen herrscht trotzdem kein Mangel. Schau dich um: Entdeckst du die Gräber des Malers Lucas Cranach des Älteren oder des Schriftstellers Johann Karl August Musäus? Die Kirche erhielt 1817 unter der Leitung von Clemens Wenzeslaus Coudray die Kanzel, die heute zu sehen ist. Bist du schwindelfrei? Dann lass dir die *Türmerwohnung (Spende erbeten)* nicht entgehen! Nach einem steilen Aufstieg über mehrere Treppen hast du einen tollen Blick über Weimar. *Am Jakobskirchhof 4 | c2*

INSIDER-TIPP Weimar von oben

26 KIRMS-KRACKOW-HAUS

Wenn du wissen willst, wie das wohlhabende Bürgertum im 18. und 19. Jh. lebte, kannst du die Ausstellung im Kirms-Krackow-Haus nur freitags und am Wochenende anschauen. Macht aber nix, denn spannender oder besser gesagt entspannender ist der *Biedermeiergarten (tgl. 9 Uhr bis Einbruch der Dunkelheit)*: bunt, gepflegt, jeden Tag geöffnet. In der warmen Jahreszeit kannst du dich hier prima verstecken und verschnaufen. Und wenn du schon mal da bist, gönn dir doch einen Espresso mit Blick ins Grüne im *Café du Jardin (Mi–So Kernzeit 11–19 Uhr). April–Okt. Fr 14–17, Sa, So 11–17 Uhr | Jakobstr. 10 | short.travel/wei3 | 1 Std. | d2*

INSIDER-TIPP Versteck dich im Grünen

27 HERDERPLATZ

Am Wasserspiel planschen Kinder, und die langen Steinbänke vor der

Stadtkirche Sankt Peter und Paul rufen: Mach mal Pause! Irgendwie ist es auf dem weiten, leicht abschüssigen Herderplatz ein bisschen ruhiger als in der restlichen Altstadt. Dabei sind hier gleich drei Weltkulturerbestätten versammelt: das *Herderhaus,* das *Alte Gymnasium* und die *Stadtkirche* – die auch Herderkirche genannt wird. Um Johann Gottfried Herder (1744–1803) kommst du hier auch einfach nicht herum. Er gilt als wichtiger Vertreter der Weimarer Klassik, war Schriftsteller, Philosoph und Theologe. Kein Wunder, dass auch noch das *Herderdenkmal,* der *Herderbrunnen* und der *Herdergarten* an ihn erinnern. *c–d2*

28 STADTKIRCHE SANKT PETER UND PAUL

Es sieht ein bisschen befremdlich aus, wie das Blut des gekreuzigten Jesus in einem dünnen Strahl aus seiner Brust spritzt und auf dem Kopf von Lucas Cranach dem Älteren landet. Zu sehen auf dem imposanten Flügelaltar der Stadtkirche. Herderkirche heißt sie auch, weil Johann Gottfried Herder hier viele Jahre Generalsuperintendent war und auf dem Friedhof begraben liegt. Der *Cranachaltar* wurde von Cranach dem Älteren selbst begonnen und 1555 von seinem Sohn vollendet. Familiäre Arbeitsteilung sozusagen. Schau dir auch das *Triptychon* rechts neben dem Altar an: Martin Luther mit drei verschiedenen Frisuren und Outfits. *April–Okt. Mo–Fr 10–18, Sa 10–12, 14–18, So 11–12, 14–16, Nov.–März Mo–Fr 10–12, 14–16, Sa 10–12, 14–17, So 11–12, 14–16 Uhr | Herderplatz | ek-weimar.de/kirchen/stadtkirche.html | c–d2*

29 PALAIS SCHARDT

Wo im 18. Jh. Goethes spätere Freundin Charlotte von Stein (1742–1827) aufwuchs, ist das kleine *Café Charlotte* untergebracht. Zu dessen Öffnungszeiten kannst du den *Goethepavillon* besichtigen, in dem sich der Dichter und die herzogliche Hofdame kennengelernt haben sollen. Wie wohnte man im 19. Jh.? Eine *Ausstellung* zeigt's dir – im Puppenstubenformat. Informationen über weitere, wechselnde Ausstellungen gibt's auf der Website. *Wechselnde Öffnungszeiten | Eintritt frei | Scherfgasse 3 | goethepavillon.de | 20 Min. | c2*

30 STADTSCHLOSS

Ein guter Grund, Weimar bald noch einmal zu besuchen: 2023 soll das Stadtschloss seine Türen wieder öffnen. Seit Sommer 2018 wird das Gebäude, das von Mitte des 16. Jhs. bis 1918 Residenz der Herzogsfamilie war, saniert und ist deswegen geschlossen. Sei nicht enttäuscht! Geh lieber ins *Wittumspalais* (s. S. 32): Die Innenausstattung dort ist ähnlich spektakulär – nur auf kleinerem Raum untergebracht. Außerdem sind Teile der kunsthistorischen Ausstellung des Stadtschlosses vorübergehend dorthin umgezogen. *Burgplatz 4 | d2–3*

INSIDER-TIPP
Wer braucht schon ein Schloss?

31 MARSTALL

Die sehenswerte Gedenkstätte in den Gebäuden des Thüringischen Hauptstaatsarchivs ist nicht ganz leicht zu finden. Lass dich davon nicht abhalten! Klingel beim Pförtner und sag ihm, dass du die Ausstellung sehen möchtest. Er wird dich quer über den Hof zum ehemaligen Gestapo-Keller führen und aufschließen. Kann gut sein, dass du dann ganz allein bist und dich in Ruhe umschauen kannst. 1936 zog die Geheime Staatspolizei der Nationalsozialisten in den Komplex. Folter und gewaltsame Erzwingung von Aussagen gehörten zum Alltag in der Behörde. Heute findest du in denselben Räumen zum Gedenken ein Kunstprojekt. Exemplarisch aufbereitete Einzelschicksale erinnern an Menschen aus Weimar und Umgebung. *Mo–Mi 8–16, Do 8–18 Uhr | Eintritt frei | Marstallstr. 2 | 1 Std. | d2*

32 GOETHE-UND-SCHILLER-ARCHIV

Wenn du dich mal so richtig erhaben fühlen willst, stell dich auf die Terrasse des Goethe-und-Schiller-Archivs. In deinem Rücken der säulengesäumte Eingangsbereich und vor dir die Dächer Weimars – ein herrschaftlicher Blick zum Tagträumen. Drinnen ist alles sehr weiß und ein bisschen protzig. Wechselnde Ausstellungen zeigen originale Schriftstücke aus Deutschlands ältestem Literaturarchiv. Goethe, Schiller, Nietzsche – alles dabei. Nicht erschrecken: Wenn du reinkommst, erinnern die Vitrinen im Ausstellungsraum auf den ersten Blick an Särge. *Mo–Fr 9–18, Sa/So 11–16 Uhr, Jan.–April Sa/So geschl. | Eintritt frei |*

INSIDER-TIPP
Ein Gedicht, dieser Ausblick!

Hier musst du vorerst draußen bleiben: Stadtschloss mit Bastille

Jenaer Str. 1 | klassik-stiftung.de | Haltestelle Hellerweg/EJBW | 45 Min. | d2

33 KONZERT FÜR BUCHENWALD

Im alten E-Werk versteckt sich neben einem Kino und einer Spielstätte des Jungen DNT diese Installation von Rebecca Horn: Verstummte Musikinstrumente und kaputte Lederkoffer stapeln sich zwischen gepresster Asche. „Konzert für Buchenwald" entstand 1999, die Künstlerin hat das Werk speziell für den Raum geschaffen. Es kann gut sein, dass du der einzige Gast bist. Dann wird die Installation extra für dich aktiviert. Die Arbeit fand international Beachtung, und wenn du dort gewesen bist, wirst du verstehen, warum. *Sommer Sa, So 11–17 Uhr | Eintritt frei | Am Kirschberg 4 | klassik-stiftung.de | Haltestelle Friedrich-Ebert-Str. | 15 Min. | d1*

SÜDLICH DES ZENTRUMS

Das Viertel ist ruhiger und weitläufiger als der Altstadtkern, aber zu sehen gibt es trotzdem eine Menge. Die Straßen sind breiter, es herrscht weniger Trubel. Mehrere Grünflächen prägen den Stadtteil, allen voran der Park an der Ilm – dort kannst du beinahe vergessen, dass du nicht auf dem Land, sondern in der Stadt bist. Auch in Sachen Architektur ist die Gegend südlich des Zentrums von Weimar ein Hingucker: Hier steht das Hauptgebäude der Bauhaus-Universität, und es reiht sich Jugendstilvilla an Jugendstilvilla.

34 WIELAND-DENKMAL

Was hält er denn da in der Hand? Der Dichter Christoph Martin Wieland (1733–1813), der von Herzogin Anna Amalia als Erzieher für ihren Sohn Carl August nach Weimar geholt wurde, verbreitet auch heute gelegentlich noch philosophische und politische Aussagen – manchmal hält er aber auch einfach nur eine leere Bierflasche in der Hand. Verantwortlich für beides sind vermutlich die vielen Studierenden, die sich abends gerne ein Bier holen und sich um das Wieland-Denkmal versammeln. 1857 wurde es enthüllt, heute ist es ein Place-to-be an warmen Sommerabenden. *Wielandplatz | c4*

35 BAUHAUS-UNIVERSITÄT WEIMAR

Der Blick von außen auf den *Henry-van-de-Velde-Bau* auf dem Campus ist zwar ganz nett. Aber einmal echte Bauhaus-Uni-Luft schnuppern – wär das nicht was? Als Normalsterblicher kommst du in die Gebäude der Universität nicht so leicht rein. Es sei denn, du meldest dich zu einem der *Bauhaus-Spaziergänge (April–Okt. Mi, Fr, Sa 14, Nov.–März Fr, Sa 14 Uhr | 7 bzw. 12 Euro | short.travel/wei4 | 1 ½–2 ½ Std.)* an, die von echten Studierenden geführt werden. Dann darfst du einen Blick in die heiligen Hallen werfen, auch wenn du nicht eingeschrieben bist. Besuch die wichtigsten Orte

INSIDER-TIPP **Bauhaus, Mond und Sterne**

des Bauhauses in sportlichen 90 Min. oder erkunde die Bauhausstätten bei Nacht auf einem Laternen-Spaziergang. Immer wirst du mit witzigen Anekdoten durch Weimar geführt und machst halt im Hauptgebäude. *Geschwister-Scholl-Str. 6a | uni-weimar.de | Haltestelle Bauhaus-Universität |* d4–5

36 LISZT-HAUS

Franz Liszt (1811–1886) war wohl ein sehr schöner Mann – zumindest heißt es das immer wieder. Besuch seine

Wohnung und mach dir selbst ein Bild: Dort hängen einige Porträts des musikalischen Genies. Liszt lebte hier ab 1869, während seines zweiten Weimar-Aufenthalts. Ein Großteil der Räume ist mit der Originaleinrichtung erhalten. Besonders schön auch bei Regen: die mediale Dauerausstellung im Erdgeschoss, die Leben und Arbeit des Komponisten hör- und sichtbar macht. Ab und zu gibt es Führungen *(6 Euro)*, auf denen du Musik von den historischen Flügeln zu hören bekommst. Termine auf der Website. *Winter Mi–Mo 10–16, Sommer 10–18 Uhr | Eintritt 5 Euro | Marienstr. 17 | klassik-stiftung.de | Haltestelle Bauhaus-Universität | 1 ½ Std. | d4*

INSIDER-TIPP
Zeitreise mit Flügeln

37 PARK AN DER ILM

48 ha mitten in Weimar: Der Ilmpark ist das grüne Herz der Stadt. Studierende, Familien, Spaziergänger, mitunter Schafherden – alle fühlen sich hier wohl. Der Park ist zu jeder Jahreszeit schön, nicht zuletzt wegen der vielen Sichtachsen. Goethe selbst war maßgeblich an der Gestaltung beteiligt, du findest hier auch sein Gartenhaus. Wenn du vom Stadtschloss über die *Sternbrücke* spazierst, kommst du am *Ochsenauge* vorbei, einer rundherum mit Steinen eingefassten Quelle. Weiter geht's zu *Goethes Gartenhaus* und dann über die *Duxbrücke* zum *Römischen Haus*, das hübsch in den Park eingebettet liegt. Verpass auf dem Rückweg zum Stadtschloss auf keinen Fall die *Künstliche Ruine* und das *Tempelherrenhaus*. An den Parkeingängen stehen Übersichtskarten, an denen du dich orientieren kannst. Es lohnt sich aber auch, einfach drauflos zu spazieren. Im Park an der Ilm darfst du dich ruhig ein bisschen verlieren. Es gibt eine Menge zu entdecken. *klassik-stiftung.de | d–e 3–6*

38 PARKHÖHLE

Wie von Geisterhand öffnen und schließen sich die Holztüren zwischen den Räumen. Du stehst 12 m unter dem Ilmpark, um dich herum ist es still, die Luft ist ziemlich kühl. Der ehemalige Sand- und Kiesstollen hat auf jeden Fall einen leichten Gruselfaktor. Auf eigene Faust kannst du nur einen kleinen Teil besichtigen. Dabei bekommst du einen Überblick über geologische Funde und die Zeit des Zweiten Weltkriegs, in der die Höhle als Luftschutzbunker diente. Wenn du dich tiefer in die unterirdischen Gänge wagen willst, buch eine Führung *(zu jeder vollen Std. | für Gruppen ab vier Personen)*. Für Kinder von 6 bis 12 Jahren gibt's an der Kasse kostenfrei die Museumsbox und ein Begleitheft. *Winter Mi–Mo 10–16, Sommer 10–18 Uhr | Eintritt 5 Euro | Park an der Ilm, Eingang nahe Liszt-Haus | klassik-stiftung.de | Haltestelle Bauhaus-Universität | 25 Min. | d4*

39 LISZT-DENKMAL

Der Bildhauer Hermann Hahn hat dem berühmten Komponisten Franz Liszt 1902 dieses lebensgroße Denkmal gesetzt. Die Bänke rechts und links der Statue werden dir nach deinem Spaziergang durch den Park an der Ilm gerade recht kommen. Setz

Schön kaputt: Das Tempelherrenhaus zierte sogar schon ein Plattencover

dich, und ruh dich kurz aus. *Park an der Ilm | Haltestelle Bauhaus-Universität* | *d4*

40 SOWJETISCHER FRIEDHOF

Rote Sterne auf schmiedeeisernen, mit Metallspitzen besetzten Toren weisen den Weg zum sowjetischen Ehrenfriedhof im Park an der Ilm. Hier liegen russische Soldaten begraben, die am Ende des Zweiten Weltkriegs starben. Die Symmetrie der Grabsteine – akkurat in Reih und Glied aufgestellt – wird ab und zu durchbrochen von Büschen oder Bäumen, als würden sie sich den Platz langsam zurückholen. Hier herrschen Andacht und Ruhe. Ein zweiter sowjetischer Friedhof befindet sich im Park Belvedere. *Ganzjährig geöffnet | Park an der Ilm | Haltestelle Bauhaus-Universität* | *d4*

41 TEMPELHERRENHAUS

Das Tempelherrenhaus war mal ein prachtvolles Gebäude. Jetzt wirkt es ein bisschen wie eine Filmkulisse: Beeindruckende Fassade, aber wenn man näher rangeht, ist nichts dahinter. 1786 wurde das ehemalige Gewächshaus im Stil eines neugotischen Tempels zum Treffpunkt der High Society umgebaut. Ein Bombenangriff auf Weimar zerstörte 1945 den größten Teil des Gebäudes. Nur ein Turm ist stehen geblieben – inklusive einiger demolierter Sandsteinfiguren. Vor allem bei düsterem Wetter bietet die Ruine ein poetisches Bild. Der Musiker Moby war vom Anblick des Tempelherrenhauses so fasziniert, dass er es 2011 aufs Cover seiner Single „The Right Thing" nahm. *Park an der Ilm | Haltestelle Wielandplatz* | *d4*

42 KÜNSTLICHE RUINE

Eine Ruine ist ein Gebäude, an dem der Zahn der Zeit so lange genagt hat, bis nicht mehr viel übrig ist. Würdest du auch sagen? Falsch gedacht! Zumindest bei dieser Ruine stimmt es nicht. Man nehme eine alte Schießmauer, breche ein paar Fenster hinein und bestücke das Ganze mit Brocken der 1774 abgebrannten Wilhelmsburg: Fertig ist die künstliche Ruine. Goethe ließ den ehemaligen Kugelfang 1784 zum Gestaltungselement des Ilmparks umbauen. Es sollte den Menschen den „Verfall der Welt" vor Augen führen. Sehr romantisch. Sehr pathetisch. *Park an der Ilm | Haltestelle Wielandplatz |* *d4*

43 HAFIS-GOETHE-DENKMAL

Zwei steinerne Stühle, die sich gegenüberstehen – was hat denn das zu bedeuten? Der eine steht für Goethe, der andere für den Dichter Hafis. Goethe entdeckte den persischen Poeten recht spät in seinem Leben und ließ sich von dessen Werk zum „West-östlichen Diwan" inspirieren. Der iranische Staatspräsident und der deutsche Bundespräsident weihten die Skulptur, die die Verständigung zwischen den Kulturen symbolisieren soll, im Jahr 2000 in Weimar ein. *Beethovenplatz | Haltestelle Bauhaus-Universität |* *d4*

44 GOETHES GARTENHAUS

Wie stellst du dir Goethes „Liebesnest" vor? Schaust du aus einem der Fenster des Gartenhauses – erster eigener Wohnsitz des Dichters –, dann verstehst du, warum er es so liebte. Weite und Ruhe, der idyllische Ilmpark – der perfekte Ort, um der Kreati-

Goethe selbst ruht nicht im Familiengrab auf dem Historischen Friedhof vität freien Lauf zu lassen. Goethe bekam das Haus 1776 von Herzog Carl August geschenkt. Bis zu seinem Umzug an den Frauenplan 1782 wohnte und arbeitete er hauptsächlich hier. Und auch später war sein geliebtes Gartenhaus ein Rückzugsort und eben „Liebesnest" für ihn und seine spätere Ehefrau Christiane Vulpius, mit der er bis 1806 in „ungeordneten" Verhältnissen lebte. Im Haus kannst du dir Goethes Möbel im Original oder als Nachbauten ansehen. *Winter Sa/So 10–16 Uhr, Sommer 10–18 Uhr | Eintritt 7 Euro | Park an der Ilm | klassik-stiftung.de | Haltestelle Bauhaus-Universität | 45 Min. | e4*

45 HAUS AM HORN ★

Ein echtes Stück Bauhaus-Architektur – solltest du nicht verpassen, denn das gibt es in Weimar selten. Nur ein einziges Mal, um genau zu sein. Das Versuchshaus entstand 1923 zur Bauhaus-Ausstellung und ist das einzige von der Designschule errichtete Gebäude in der Stadt – noch dazu eine Gemeinschaftsarbeit aller Bauhaus-Werkstätten. Also: Außen- und Innenarchitektur made by Bauhaus. Auch wenn die meisten Möbel nur durch Gestelle angedeutet sind, hier erlebst du, wie man sich zeitgemäßes Wohnen in den 1920er-Jahren vorstellte. Man möchte eigentlich gleich selbst einziehen! Audioguide empfiehlt sich. *Winter Mi–Mo 10–16, Sommer 10–18 Uhr | Eintritt 5 Euro | täglich begrenztes Ticketkontingent, vorab online buchen | keine Park- oder Wendemöglichkeit | Am Horn 61 | klassik-stiftung.de | Haltestelle Eduard-Mörike-Str. oder Berkaer Str. | 45 Min. | e4*

46 RÖMISCHES HAUS

An warmen Sommertagen kannst du im südlichen Teil des Ilmparks leicht das Gefühl bekommen, du wärst in Italien. Kein Wunder, dass Herzog Carl August sich hier so wohlfühlte. Das Haus mitten im Grünen war ab 1797 seine Sommerresidenz. Und nun rate mal, wer Bauleiter war! Natürlich Goethe, der einige Inspiration von seiner Italienreise mitbrachte und sich an römischen Vorbildern orientierte. Der Blick von außen ist schon herrlich, aber du darfst auch reingehen und dir die Räumlichkeiten ansehen. Im Untergeschoss befindet sich eine Dauerausstellung zum Ilmpark. *Sommer Mi–Mo 10–17 Uhr, Winter geschl. | Eintritt frei | Park an der Ilm | klassik-stiftung.de | Haltestelle Helmholtzstr. | 1 Std. | e5*

47 HISTORISCHER FRIEDHOF ★

Lust auf einen entspannten Spaziergang abseits des Zentrums? Sobald du das Gelände durch den Haupteingang betrittst, hörst du fast nur noch Vogelgezwitscher. Genieß die andächtige Ruhe zwischen krummen und verwitterten Grabsteinen. Auf dem Weg zur *Fürstengruft*, die sich direkt vor dir erhebt, kannst du Promi-Bingo spielen: Wer findet die meisten bekannten Persönlichkeiten? Zum Beispiel das Familiengrab der Goethes, das Grab von Goethes Freundin Charlotte von Stein, des Architekten Clemens Wenzeslaus Coudray oder des

Komponisten Johann Nepomuk Hummel. Auf dem 1818 eröffneten Historischen Friedhof wurden viele der Menschen beigesetzt, die Weimar zu der kulturellen Hochburg gemacht haben, als die es immer noch bekannt ist. Eine weitere berühmte Ruhestätte findest du auf der Rückseite der Fürstengruft: In der *Russisch-orthodoxen Kapelle* liegt Großherzogin Maria Pawlowna begraben. *März–Sept. tgl. 8–21, Okt.–Feb. 8–18 Uhr | Am Poseckschen Garten | Haltestelle Am Poseckschen Garten |* *c4–5*

48 FÜRSTENGRUFT

Eine der brennenden Fragen Weimars: Wo sind Schillers Gebeine abgeblieben? In der zwischen 1823 und 1828 erbauten Fürstengruft liegen sie jedenfalls nicht begraben. Erst rund 200 Jahre nach dem Tod des Dichters stellte sich heraus, dass die Knochen in seinem Sarg gar nicht von Schiller stammten (s. S. 24). Deswegen ist der Sarg heute leer. Er steht neben den Särgen der herzoglichen Familie und Goethes. Carl August wollte den beiden Weimarer Dichterfürsten nämlich auch nach dem Tod nahe sein. An der hinteren Wand der Gruft siehst du: ein Loch. Das ist der Durchbruch zur Russisch-orthodoxen Kapelle nebenan. So konnten Großherzog Carl Friedrich und seine Frau Maria Pawlowna beide gemäß ihrem Glauben und trotzdem nebeneinander bestattet werden. *Winter Mi–Mo 10–16, Sommer 10–18 Uhr | Eintritt 5 Euro | Historischer Friedhof | klassik-stiftung.de | Haltestelle Am Poseckschen Garten |* *c5*

49 RUSSISCH-ORTHODOXE KAPELLE

Kannst du dir vorstellen, dass um 1860 extra Erde aus Russland nach Weimar gebracht wurde? Nein? War aber wirklich so: Die Grundsteine der Russisch-orthodoxen Kapelle liegen in original russischer Erde. Die Kapelle wurde als Grabstätte für Zarentochter Maria Pawlowna, die Frau des Großherzogs Carl Friedrich, gebaut. Seit 1950 nutzt die russisch-orthodoxe Gemeinde in und um Weimar sie wieder als Pfarrkirche. *April–Okt. Mi–Mo 10–18, Nov.–März 10–16 Uhr | Historischer Friedhof | rok-weimar.de | Haltestelle Am Poseckschen Garten |* *c5*

50 DENKMAL DER MÄRZGEFALLENEN

Für die einen ist es eine futuristische Skulptur, für die anderen ein „Blitzstrahl aus dem Grabesboden als Wahrzeichen des lebendigen Geistes" – das stellt das Denkmal auf dem Historischen Friedhof laut Bauhaus-Gründer Walter Gropius dar. Er muss es wissen: Er hat es entworfen. Das 1922 enthüllte Mahnmal erinnert an die Arbeiter, die bei der Niederwerfung des rechtsradikalen Kapp-Putsches getötet wurden. Das Denkmal ist eine Replik, das Original wurde 1936 von den Nationalsozialisten zerstört. *Historischer Friedhof | Haltestelle Am Poseckschen Garten |* *b6*

51 MUSEUM FÜR UR- UND FRÜHGESCHICHTE THÜRINGENS

Ob du's glaubst oder nicht, durch Weimar liefen einmal Waldelefanten und Nashörner! Ist allerdings schon ein

In der Cranachstraße mit ihren alten Bauten kriegen Architekturfans Herzklopfen

paar Hunderttausend Jahre her. Uralte Skelette, Waffen und Schmuck gibt's im Museum zu sehen. Du bekommst einen spannend aufbereiteten Überblick über 400 000 Jahre Thüringer Geschichte – ach was, eigentlich der Menschheit an sich. Anfassen vieler Ausstellungsstücke und Ausprobieren ausdrücklich erwünscht! *Di 9–18, Mi–Fr 9–17, Sa, So 10–17 Uhr | Eintritt 3,50 Euro | Humboldtstr. 11 | alt-thueringen.de | Haltestelle Wielandplatz | 1 ½ Std. | c4*

52 CRANACHSTRASSE

Gehst du gerne schicke Häuser gucken? Dann solltest du mal die Cranachstraße hoch- und runterspazieren, den Kopf in den Nacken legen und die Häuserfassaden bestaunen. Hier reiht sich nämlich Jugendstilvilla an Jugendstilvilla. Das Gebäude mit der Nummer 47 tanzt ein bisschen aus der Reihe: Hier hat sich der Architekt Henry van de Velde verewigt, der als Wegbereiter des Bauhauses gilt. Zu DDR-Zeiten hatte die sogenannte *Villa Dürckheim* aus einem anderen Grund einen Sonderstatus: Hier war die Staatssicherheit untergebracht. *Haltestelle Am Poseckschen Garten | a–c 4–5*

53 NIETZSCHE-ARCHIV

Fahr lieber nicht mit dem Fahrrad zum Nietzsche-Archiv! Es geht ganz schön steil bergauf. In der Villa Silberblick verbrachte Friedrich Nietzsche (1844–1900) die letzten drei Jahre seines Lebens. Aber der Besuch lohnt sich nicht nur, wenn du dich für den Philosophen interessierst. Auch in Sachen Innendesign wird dir hier einiges geboten: Nach Nietzsches Tod gestaltete der Bauhaus-Vorreiter Henry van de Velde die Räumlichkeiten neu – im Auftrag von Nietzsches Schwester Elisabeth Förster-Nietzsche. Der Rundgang behan-

INSIDER-TIPP
Designlegende trifft Starphilosophen

Ein Denkmal erinnert an die Widerstandskämpfer von Buchenwald

delt neben der Architektur auch die Rolle Förster-Nietzsches und des Archivs im Nationalsozialismus. Der Name des Hauses ist übrigens irreführend. Nach dem Ende des Zweiten Weltkriegs wurde das Archiv als solches geschlossen. *Winter Mi–Mo 10–16, Sommer 10–18 Uhr | Eintritt 5 Euro | Humboldtstr. 36 | klassik-stiftung.de | Haltestelle Wilhelm-Külz-Str. | 1 Std. | b5*

AUSSERDEM SEHENSWERT

54 GEDENKSTÄTTE BUCHENWALD ★

Von Weimar aus ist nur der Glockenturm von Buchenwald zu sehen. Man könnte fast vergessen, dass es das ehemalige Konzentrationslager auf dem Ettersberg gibt. 1937 errichtet, war es zum Ende des Zweiten Weltkriegs das größte KZ auf deutschem Boden. Du kannst das Gelände auf eigene Faust besichtigen oder dich einer Führung *(April–Okt. tgl. 10–15 Uhr alle 30 Min., März, Nov. 10–13 Uhr stdl., Dez.–Feb. 11 und 13 Uhr | gegen Spende | Treffpunkt am Besucherservice | 2 Std.)* des Fördervereins Buchenwald e. V. anschließen. Die Touren gehen unter die Haut, aber das sollen sie auch. Eindrücklich vermitteln sie die historischen Zusammenhänge hinter diesem Gelände, auf dem über 56 000 Menschen ihr Leben verloren. Eine Führung wird nicht für Kinder unter 15 Jahren empfohlen, ein Besuch in Buchenwald generell nicht für Kinder unter 12 Jahren. Zur

Gedenkstätte gehören drei Ausstellungen: *Buchenwald. Ausgrenzung und Gewalt 1937 bis 1945,* die sich auf drei Etagen anschaulich mit der Geschichte des Lagers, den Opfern und den Tätern beschäftigt, die Kunstausstellung *Überlebensmittel – Zeugnis – Kunstwerk – Bildgedächtnis* und eine Ausstellung über das *Sowjetische Speziallager Nr. 2 Buchenwald 1945–1950* und seine Opfer. Bring Zeit mit, wenn du nach Buchenwald kommst. Ein Besuch in der Gedenkstätte bleibt auf jeden Fall in Erinnerung. *April–Okt. Di–So 10–18, Nov.–März Di–So 10–16 Uhr | Eintritt frei | buchenwald.de | Bus 6 Richtung Buchenwald, fährt stdl. | 2–5 Std. | 0*

55 EISENBAHNMUSEUM

Hattest du früher eine Modelleisenbahn im Keller? Dann wirst du hier vor Glück feuchte Augen kriegen. Eine Dampflokomotive von innen sehen – im Eisenbahnmuseum erfüllen sich Kindheitsträume! Wende dich einfach an das Personal. Die haben für die meisten Wagen einen Schlüssel und schließen gerne auf. Die Mitglieder des Thüringer Eisenbahnvereins betreiben das Museum auf dem ehemaligen Bahnbetriebsgelände ehrenamtlich, deswegen fehlt an einigen Stellen die erklärende Aufbereitung. Ist also vor allem etwas für Fans. Mehrmals im Jahr finden Veranstaltungen statt. Dann kannst du zum Beispiel im Zug mit einer echten schnaufenden Dampflokomotive mitfahren. Termine findest du auf der Website. *April–Okt. Sa 9–15 Uhr | Eintritt 6 Euro | Eduard-Rosenthal-Str. 49 | eisenbahnmuseum-weimar.de | Haltestelle Eduard-Rosenthal-Str. | 30 Min. | F6*

56 SCHLOSS & PARK TIEFURT

Ein riesiger *Schlossgarten* wie aus dem Märchenbuch: weitläufige Wiesen, Statuen, ein plätschernder Bach – perfekt zum Spazierengehen und Dornröschenspielen. Kein Wunder, dass die Weimarer Hofgesellschaft im 18. Jh. gern zum Relaxen herkam. Ab 1781 war das ländliche Anwesen Sommersitz der Herzogin Anna Amalia. Sie empfing hier alles, was Rang und Namen hatte: Schiller, Goethe, Herder, Wieland. Im heimelig und luftig eingerichteten *Schloss* ist die Versuchung groß, sich auf eins der gemütlichen Sofas zu fläzen. Wirf einen Blick rein, es lohnt sich. *Sommer Mi–Mo 10–17 Uhr | Eintritt 4 Euro | Hauptstr. 14 | Tiefurt | klassik-stiftung.de | Haltestelle Tiefurt, Schloss | 1 Std. | H5*

57 DEUTSCHES BIENENMUSEUM WEIMAR

Hallo Bienenfans, Honigjunkies und Liebhaber schöner Spaziergänge! Hier blüht und summt es, und man kann sogar noch was lernen. Im Bienenmuseum mit dem *Museumsgarten* erfährt man eine Menge über die fleißigen Insekten und die Imkerei. Lass dir nach dem Rundgang das *Café Immenhof* und den *Hofladen* nicht entgehen. Honig von Fenchel oder Majoran, mit Pollen, Früchten oder Ingwer – für jeden Geschmack was dabei. *Jan.–März Di–So 10–17, April–Okt. 10–18 Uhr | Eintritt 4 Euro | Ilmstr. 3 | bie*

INSIDER-TIPP
Süß und klebrig

nenmuseum.lvthi.de | Haltestelle Bodelschwinghstr. oder Falkenburg | 1 Std. | F10

58 HAUS HOHE PAPPELN

Wenn du dich für Architektur interessierst, solltest du dir dieses Haus ansehen! Bauhaus-Wegbereiter Henry van de Velde hat es nach eigenen Entwürfen bauen lassen. Bis 1917 lebte er selbst mit seiner Familie hier. Ein Jahrhundert später kannst du durch den Garten und die repräsentativen Wohnräume der Familie spazieren. Die Originaleinrichtung gibt es leider nicht mehr zu sehen, dafür aber Möbel, die van de Velde für die Wohnung eines Weimarer Journalisten entworfen hat. *Winter Mi–Mo 10–16, Sommer bis 18 Uhr | Eintritt 5 Euro | Belvederer Allee 58 | klassik-stiftung.de | Haltestelle Papiergraben | 1 Std. | F11*

59 SCHLOSS & PARK BELVEDERE ★

Machs dir im Schatten eines Baums bequem und träum von der Zeit bis 1904, als Belvedere Sommersitz der herzoglichen Familie war. Beim Schlendern in der riesigen, verwunschenen *Parkanlage* gibt es viel zu entdecken: versteckte kleine Skulpturen zum Beispiel oder den *Russischen Garten,* angelegt für Großherzogin Maria Pawlowna. Im *Schloss* erfährst du etwas über Gärten im 18. Jh. und kannst dir Waffen ansehen, mit denen die herzogliche Familie auf die Jagd ging. Nicht so dein

Als Foto schon schwer romantisch, aber warte mal ab, bis du in Belvedere vor Ort bist!

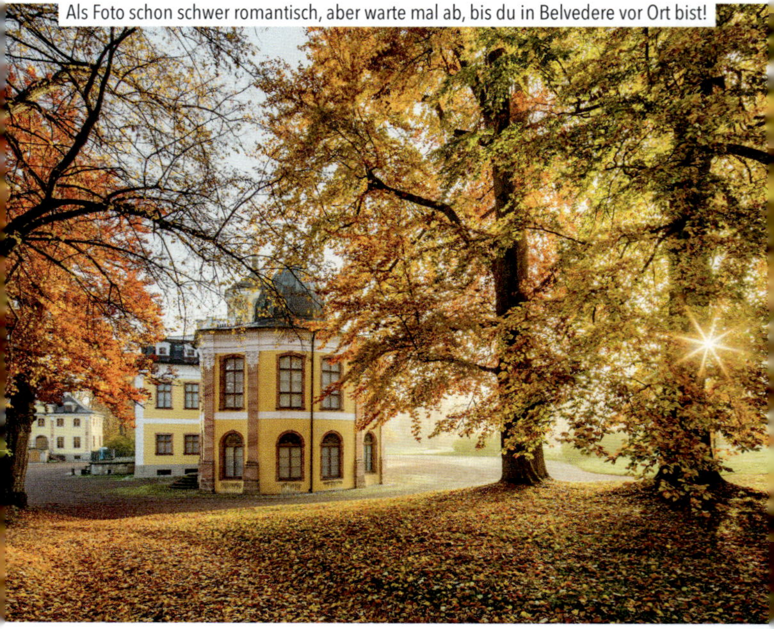

Ding? Dann gefällt dir bestimmt der kunsthandwerkliche Teil der Ausstellung. Und in Sachen Innenarchitektur ist das Schloss sowieso beeindruckend. Schau auf jeden Fall auch, ob die *Orangerie (saisonal wechselnde Öffnungszeiten | Eintritt frei)* geöffnet hat. Hier tobten sich Herzog Carl August und Goethe als Botanikfans aus – und du machst einen Ausflug in die mediterrane Pflanzenwelt. *Sommer Di–So 10–18 Uhr, Nov.–April geschl. | Eintritt 7 Euro | klassik-stiftung.de | Haltestelle Belvedere | ⏲ 2 Std. | 🕮 G12–13*

60 KIRCHE GELMERODA

Die kleine Kirche im abgelegenen Ortsteil Gelmeroda ist eine internationale Berühmtheit. Der Maler Lyonel Feininger, der 1919 zum ersten Bauhaus-Meister berufen wurde, war richtig verliebt in ihren Anblick und hat sie während seiner Zeit in Thüringen besonders oft gemalt. Die Bilder hängen heute unter anderem im Metropolitan Museum of Art in New York und im Museum Folkwang in Essen. In der Kirche selbst kannst du dir eine kleine Ausstellung über den Künstler ansehen. Und abends fängt sie an zu strahlen – dank einer Lichtinstallation in den typischen Feininger-Farben. Übrigens ist die Kirche Gelmeroda auch eine von 13 deutschen Autobahnkirchen, in der Nähe führt die A 4 vorbei. Deshalb triffst du hier öfter interessante Gesprächspartner. *Tgl. Sommer 8–20, Winter 8–16 Uhr | Eintritt frei | Petersgasse 33 | Gelmeroda | short.travel/wei5 | Haltestelle Gelmeroda | 🕮 B12*

AUSFLÜGE

61 THÜRINGER KLOSSWELT HEICHELHEIM

9 km von Weimar-Zentrum, 15 Min. mit dem Auto

Ein „kloßartiges" Erlebnis wird dir hier versprochen. Wenn du reinkommst ins Kloßmuseum, stolperst du aber erst mal unerwartet in eine Ausstellung von Autos und Motorrädern aus der DDR. Bei der Gelegenheit in einem Wartburg Probe sitzen – warum eigentlich nicht? Sehenswert und witzig! In der Kloßausstellung erfährst du dann ganz genau, wo die originalen Thüringer Klöße herkommen – von der Kartoffelernte bis zum dampfenden Endprodukt auf dem Teller. Hier gehts vor allem um die Heichelheimer Klöße, deshalb macht die Ausstellung auch ein bisschen Werbung für die eigenen Produkte, die im selben Gebäude produziert und verkauft werden. Natürlich wirst du nicht hungrig entlassen. Auf der Karte im hauseigenen *Café Klößchen* steht vor allem was? Ja, genau: Klöße. *Mo–Fr 9–17, Sa/So 10–17 Uhr | Eintritt 5 Euro | Hauptstr. 3 | Heichelheim | thueringer-kloss-welt.de | ⏲ 1 Std. | 🕮 0*

62 MECHANIKA DA VINCI

12 km von Weimar-Zentrum, 20 Min. mit dem Auto

Mitten in einem kleinen Wäldchen stehen merkwürdige mechanische Maschinen herum. Das wirkt ein bisschen skurril, vor allem wenn du allein auf dem Gelände bist. Aber wenn du erst mal anfängst, Rädchen zu justieren, in die Pedale zu treten und an Kurbeln zu drehen, macht es eine Menge Spaß – und du kannst live beobachten, wie Bewegungsumwandlung funktioniert. Die Maschinen im Freilichtmuseum wurden nach Skizzen und Konzepten von Leonardo da Vinci gebaut. Wenn du dich für Technik begeisterst oder gerne bastelst, wird es dir hier gefallen. In mehreren Holzhütten geht's dann auch gleich an die praktische Anwendung der Physik: Es steht alles bereit, um mit handbetriebenen Maschinen zu drechseln, zu bohren und zu schleifen – und am Ende hast du ein kleines Souvenir für zu Hause. *Tgl. 10–17 Uhr | Eintritt 3 Euro | Unterm Dorfe 32 | Leutenthal | mechanica-da-vinci.de | 1 ½ Std. | 0*

63 WIELANDGUT OSSMANNSTEDT

10 km von Weimar-Zentrum, 20 Min. mit dem Auto, 5 Min. mit dem Zug

Zu Christoph Martin Wielands Zeiten tobte am Hof in Weimar das kulturelle Leben, und das konnte manchmal ganz schön viel werden. Deswegen kaufte der Dichter 1797 dieses Gut nordöstlich der Stadt. Wenn du ankommst, siehst du gleich, warum es ihm hier gefiel: Ein großzügiger Park liegt direkt davor. An einigen Stellen kommst du sogar bis an den Fluss und kannst wie der Gutsherr deine Füße ins Wasser baumeln lassen. Bis 1803 lebte Wieland hier mit seiner Familie, arbeitete und empfing Gäste wie Herzogin Anna Amalia, Goethe oder Herder. Auch seine gute Freundin Sophie Brentano, eine Schwester des Schriftstellers Clemens Brentano, kam zu Besuch. Sie liegt neben Wieland und seiner Frau Anna Dorothea im Gutspark begraben. Das Wohnhaus kannst du als Museum besichtigen. Und wenn du willst, liest dir ein Tablet, das du vor Ort ausleihen kannst, dazu etwas über Wielands Leben und Werk vor. *April–Okt. Mi–Mo 10–17 Uhr | Eintritt frei | Wielandstr. 16 | Oßmannstedt | klassik-stiftung.de | 1 Std. | 0*

INSIDER-TIPP
Entspannen wie Wieland

64 APOLDA

20 km von Weimar-Zentrum, 25 Min. mit dem Auto, 10 Min. mit dem Zug

Kunst in Thüringen – da denkt man doch eher an Erfurt, Jena und Weimar, oder? Überraschung! Auch das kleine Apolda (22 000 Ew.) hat eine erfolgreiche Galerie mit wechselnden Ausstellungen bekannter Künstler. Der Dank dafür gilt dem Kunstverein Apolda Avantgarde. Der fand, dass auch das Publikum abseits großer Kulturmetropolen regionale und internationale Kunst zu sehen bekommen soll, und gründete 1995 das *Kunsthaus Apolda Avantgarde (Di–So 10–17 Uhr | Eintritt variiert je nach Ausstellung | Bahnhofstr. 42 | kunsthausapolda.de | 1 ½ Std.)*. Egal, ob du Fotografie-Fan bist, auf Andy Warhol stehst oder ein Faible für Surrealismus hast, check unbedingt, ob gerade eine Ausstellung für dich auf dem Programm steht! Hier kommt jeder irgendwann auf seine Kosten.

Apolda hat aber noch mehr zu bieten. Wenn du schon mal da bist, schau auch im *Glocken-Stadt-Muse-*

Ab vom Schuss und froh drüber: Dichter Wieland lebte auf diesem Gut in Oßmannstedt

um (Di–So 11–17 Uhr | Eintritt 4 Euro | Bahnhofstr. 41 | glockenmuseum-apolda.de | 45 Min.) gegenüber vorbei. Für Museum und Kunsthaus gibt es ein günstiges Kombiticket. Du kannst dir Glocken in allen möglichen Größen, Formen und Farben, aus unterschiedlichsten Materialien und verschiedenen Teilen der Welt ansehen. Klingt dröge? Ist es aber nicht! Spätestens, wenn du selbst eine der Glocken anschlägst, wirst du das auch so sehen. In einem Ausstellungsraum kannst du sogar selbst ein kleines Konzert veranstalten. Und warum nicht gleich mitsingen? Texte bekannter Kinderlieder gibt's zum Spicken. *apolda.de* | *0*

INSIDER-TIPP
Lass die Glocken klingen

65 JENA

22 km von Weimar-Zentrum, 30 Min. mit dem Auto, 20 Min. mit dem Zug

Ins Saaletal geschmiegt und von Hügelketten umgeben liegt nicht weit von Weimar die Universitätsstadt Jena (111 000 Ew.) – im 18. und 19. Jh. ein echter Hotspot der Dichter und Denker. Goethe und Schiller waren natürlich hier, aber auch Friedrich Hölderlin und Friedrich Schlegel, die Philosophen Johann Gottlieb Fichte und Georg Wilhelm Friedrich Hegel oder der Physiker Carl Zeiss – lauter helle Köpfchen aus allen Bereichen der Wissenschaft und Technik. Davon profitierten auch die Jenaer: 1926 öffnete das *Zeiss-Planetarium (Kasse öffnet 30 Min. vor Veranstaltungsbeginn | Eintritt ab 12,50 Euro | Am Planetarium 5 | pla*

Im Zeiss-Planetarium guckten die Jenaer schon vor knapp 100 Jahren ins Weltall

netarium-jena.de | *1 ½–3 Std.)* seine Türen für das Publikum. Damit ist es heute das älteste öffentlich zugängliche Projektionsplanetarium der Welt. Unter der großen Kuppel erlebst du Astronomie- und Musikshows, Bildungsprogramme, Animationsfilme für Kinder und sogar Mondscheindinner. Grüner wird's im *Botanischen Garten (April–Okt. tgl. 10–19, Nov.–März 10–18 Uhr* | *Eintritt 4 Euro* | *Fürstengraben 26* | *botanischergarten.uni-jena.de* | *1 ½ Std.)* von Jena, dem zweitältesten in Deutschland. Fleischfressenden Pflanzen beim Mittagessen zugucken, Kopf in den Nacken legen und Rekordbäume bestaunen oder einfach gemütlich durch den bunten Garten schlendern – geht hier alles. *visit-jena.de* | *0*

66 BUCHFART

10 km von Weimar-Zentrum, 20 Min. mit dem Auto, 1 ½ Std. zu Fuß über Goethe-Wanderweg

Ansichtskarten musst du keine mehr kaufen, wenn du ein Foto von der Buchfarter *Wassermühle* gemacht hast. Das alte Haus über dem Bach, das riesige Mühlrad – das ist ein Bild wie aus dem Märchenbuch. Am besten kommst du an einem Wochenende in den kleinen Ort, dann hat der *Mühlenladen (Fr 10–18, Sa/So 12–17 Uhr (Zeiten können bei schlechtem Wetter variieren)* | *buchfarter-muehlenladen.de)* geöffnet. Gegen den Hunger gibt's süße und herzhafte Kleinigkeiten, du kannst auch frisches Brot und Brötchen mitnehmen. Das Besondere

INSIDER-TIPP
Frisches Brot von der Mühle

daran: Das Mehl dafür wird in der Mühle gemahlen.

Einen kurzen Fußmarsch vom Ortskern entfernt liegt die *Felsenburg*. Hoffentlich triffst du nicht das Wunderfräulein vom Berge, das angeblich dort wohnt und jeden, der es sieht, in den Berg entführt! Um die Höhlen im Fels ranken sich viele Sagen. Über ihre Entstehung weiß man dafür wenig, wahrscheinlich wurden sie hauptsächlich zwischen dem 5. und 8. Jh. gebaut. Reinschauen kannst du leider nicht – wegen Einsturzgefahr. Aber auch von außen sind die Löcher im Stein zu erkennen. *0*

67 SCHLOSS KOCHBERG

35 km von Weimar-Zentrum, 45 Min. mit dem Auto

Charlotte von Stein und Johann Wolfgang von Goethe – in welchem Verhältnis standen die beiden? Um diese Frage ranken sich bis heute Geschichten. Die fast sieben Jahre ältere Frau von Stein war Hofdame von Herzogin Anna Amalia und lernte den Dichter 1775 kennen. Entwickelte sich daraus eine rein platonische Freundschaft, oder führten die beiden eine verbotene Liebesbeziehung? Auf einem Schreibtisch stehen jedenfalls in Tinte geschrieben und für immer nachvollziehbar die Daten von Goethes Besuchen auf dem Landsitz der Familie von Stein. Wenn du das malerische Wasserschloss und die Parkanlage siehst, bekommst du eine Ahnung, warum er so oft herkam. Per Audioguide führen dich Charlotte und ihr Sohn Carl herum. Auf dem Gelände liegt auch das um 1800 gebaute *Liebhabertheater*, das im Sommer mit Theaterstücken, Musik und Oper bespielt wird – bei nur 75 Plätzen richtig intime Vorführungen. *Sommer Mi–Mo 10–18 Uhr, Nov.–April geschl. | Eintritt 5 Euro | Großkochberg | klassik-stiftung.de | 1 ½ Std. | 0*

68 ADLER- & FALKENHOF NIEDERBURG KRANICHFELD

23 km von Weimar-Zentrum, 35 Min. mit dem Auto, 1 Std. mit dem Zug

Beeindruckende Vogelflugshows vor beeindruckender Kulisse! Auf der Niederburg in Kranichfeld hast du einen weiten Blick in die Landschaft und siehst Adler, Kondore oder Eulen ihre Kreise ziehen. Der leicht kauzige Falkner Herbert Schütz weiß eine Menge über seine Tiere. Stell dich drauf ein, dass er das Publikum wie in der Schule abfragt. Sehr lehrreich und unterhaltsam. *April–Okt. Di–So 15 Uhr | Eintritt 8 Euro | Schlossgasse 18 | Kranichfeld | falkenhof-kranichfeld.de | 2 Std. | 0*

69 THÜRINGER FREILICHT-MUSEUM HOHENFELDEN

25 km von Weimar-Zentrum, 30 Min. mit dem Auto, 1 Std. mit Bus/Bahn

In Hohenfelden brauchst du keine Zeitmaschine für eine Reise in die Vergangenheit. Besuch einfach das Thüringer Freilichtmuseum! In mehr als 35 Gebäuden an zwei Standorten kannst du in den letzten 400 Jahren vor- und zurückspringen. Zu sehen sind Häuser aus Dörfern der Region, unter anderem die älteste noch erhaltene Bockwindmühle Thüringens, eine alte Dorfschule und verschiedene Wohnstallhäuser. Wirf auch einen Blick in den Veranstaltungskalender! An mehreren Tagen im Jahr kannst du zum Beispiel in der historischen Dorfbrauerei erleben, wie früher Bier gebraut wurde. *März Sa/So 11–17, April–Okt. tgl. 10–18 Uhr | Eintritt 6 Euro | Im Dorfe 63 | Hohenfelden | freilichtmuseum-hohenfelden.de | Haltestelle Freilichtmuseum, Hohenfelden | 2 Std. | 0*

70 ERFURT

25 km von Weimar-Zentrum, 30 Min. mit dem Auto, 15 Min. mit dem Zug

Weimar ist die Stadt der kurzen Wege – aber von Weimar hast du auch einen kurzen Weg in die thüringische Landeshauptstadt. Nur 15 Min. Zugfahrt, schon stehst du am Hauptbahnhof in Erfurt (214 000 Ew.). Ein Tagesausflug steckt voller Erlebnisse. Schlendere Richtung Domplatz, wirf einen Blick in den *Dom (Mo–Sa 9.30–17.30, So 13–17.30 Uhr | dom-erfurt.de | 20 Min.)* und kraxel danach hoch auf den *Petersberg,* wo du einen herrlichen Blick über die Dächer der Stadt hast. Traust du dich gegen Abend in die Horchgänge der *Zitadelle Petersberg,* zu einer *Funzelführung (tgl. 17.30 Uhr, Nebensaison abweichend | 10 Euro | 1 ½ Std.)* mit Taschenlampe? Erfurts *Klein Venedig* ist vielleicht nicht ganz so grandios wie die große italienische Schwester. Trotzdem macht die idyllische Parkanlage dem berühmten Namen alle Ehre: viel plätscherndes Wasser, viel Grün und viele Entenfamilien. Wenn du dann am Ende über die *Krämerbrücke* spazierst und dich durch die hübschen kleinen Läden shoppst, wirst du gar nicht merken, dass du auf einer Brücke bist. Die Krämerbrücke ist nämlich die längste durchgehend bebaute und bewohnte Brücke Europas. Kleine Stärkung gefällig? Schau in die *Goldhelm-Schokoladenmanufaktur (goldhelm-schokolade.de)* rein und koste die leckeren hausgemachten Brückentrüffel!

INSIDER-TIPP
Brücke zum Schokoglück

Du kannst nicht genug kriegen von schönen Gärten? Dann bist du im *Egapark Erfurt (tgl. 9–18 Uhr | Eintritt Sommersaison (bis Ende Okt.) 15, Winter 6 Euro | egapark-erfurt.de | 2 Std.)* richtig. Hier gibt's gleich ganz viele davon. Die Luft duftet nach perfektem Sommertag, Kinder toben sich in der *Kinderwelt* aus und Erwachsene entspannen sich im versteckten *Japani-*

schen Garten. In der Wintersaison blüht es hier zwar nicht ganz so prächtig, dafür bringt das *Winterleuchten (6 Euro)* mit Lichteffekten und Videoinstallationen Farbe in die dunkle Jahreszeit.

INSIDER-TIPP
Bye, bye, Wintergrau!

Wusstest du, dass die älteste bis zum Dach erhaltene Synagoge Mitteleuropas in Erfurt steht? In der *Alten Synagoge (Di–So 10–18, Führung Sa 11.15 Uhr | Eintritt 8 Euro | Waagegasse 8 | short.travel/wei6 | 1 ½ Std.)* ist der „Erfurter Schatz" ausgestellt, der vermutlich 1349 während eines Pogroms vergraben wurde. Außerdem erfährst du etwas über die hebräische Schrift sowie die Geschichte der Synagoge und der jüdischen Gemeinde.

Wenn du genug Zeit mitbringst, schau auch in der *Gedenkstätte Andreasstraße (Di, Do 12–20, Mi, Fr–So 10–18 Uhr | Eintritt 2 Euro | Andreasstr. 37a | stiftung-ettersberg.de/andreasstraße | 1 ½ Std.)* vorbei. Wo zu DDR-Zeiten politische Häftlinge gefangen gehalten wurden, erinnert eine Ausstellung mit Zeitzeugenvideos, Bildern und Tonbeiträgen an Unterdrückung und Widerstand während der SED-Diktatur. Du hast die Gedenkstätte Buchenwald besucht und möchtest mehr über die NS-Zeit in Thüringen erfahren? Der *Erinnerungsort Topf & Söhne (Di–So 10–18 Uhr | Eintritt frei | Sorbenweg 7 | topfundsoehne.de | 2 Std.)* erzählt die Geschichte der Ofenbauer, die die Verbrennungsöfen für das Konzentrationslager Auschwitz lieferten. *erfurt-tourismus.de | Züge mehrmals stdl. vom Bahnhof Weimar | 0*

In Erfurt kannst du auf einer Brücke shoppen, der Krämerbrücke nämlich

ESSEN & TRINKEN

Thüringer Klöße, Thüringer Rostbratwurst, Thüringer Blechkuchen – klingt erst mal recht deftig, was die Küche der Region zu bieten hat. Ist es ohne Zweifel auch, aber das Schöne an Weimar ist, dass es neben den leckeren Thüringer Klassikern eine breite Auswahl an Gerichten für jeden Geschmack gibt.
Fleischesser und Veganer, Menschen mit Allergie gegen Weizen oder Abneigung gegen Milch – sie und alle anderen werden hier satt. Neben deutschen und französischen Restaurants findest du in Weimar vietnamesische, italienische oder indische Küche. Garan-

Kloß mal anders: Kloßkuchen mit Pilzen

tiert ist für dich unter den vielen hippen Bistros, gemütlichen Cafés und schicken Gourmetküchen was dabei. Die meisten Adressen liegen im Zentrum, sodass du ganz entspannt von einer zur nächsten schlendern kannst. Aber Achtung: Oft empfiehlt es sich, vorab zu reservieren. Wo man besonders gut essen kann, das spricht sich nämlich schnell herum.

WO WEIMAR ISST

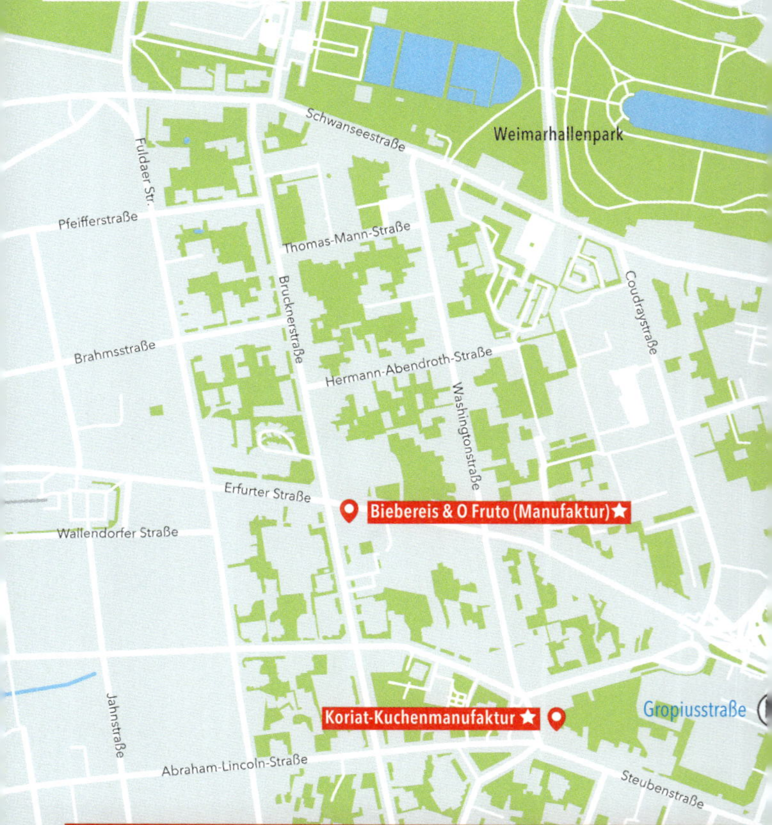

MARCO POLO HIGHLIGHTS

★ FRITZ MITTE – STREET FOOD
Frisch, frittiert, fettig – die krossen Pommes und hausgemachten Mayonnaisen gehen immer ➤ S. 68

★ KORIAT-KUCHENMANUFAKTUR
Geheimrezepte aus Israel und deutsche Klassiker: himmlisch köstlicher Kuchen und delikate Tartes ➤ S. 67

★ SCHARFE ECKE
Typisch thüringisch essen in einem urigen Lokal ➤ S. 73

★ BIEBEREIS & O FRUTO
Koste Mega-Mango, Schoko-Brownie und all die anderen einmaligen Eisträume ➤ S. 66

★ RESIDENZ-CAFÉ
Ins „Resi" ging man schon vor 175 Jahren zum Kaffeeklatsch. Kaffee und Kuchen sind immer noch hervorragend ➤ S. 68

★ GASTHAUS ZUM WEISSEN SCHWAN
Fühl dich willkommen wie Goethe und probier seine Lieblingsgerichte ➤ S. 73

ZWISCHEN HERDERPLATZ UND ILMPARK
Schöne Cafés und leichte Kost
MITTEN IM ZENTRUM
Thüringer Klassiker und leckere internationale Küche
Scharfe Ecke
Residenz-Café
Biebereis & O Fruto (Eiscafé)
Fritz Mitte – Street Food
Gasthaus zum Weißen Schwan
JAKOBSVORSTADT
SÜDSTADT
Friedensstraße/ Atrium
Goetheplatz
Wielandplatz
Bauhausuniversität
Friedrich-Ebert-Str.
Friedensstr.
Friedensstraße
Harry-Graf-Kessler-Str.
Karl-Liebknecht-Straße
Am Jakobskirchhof
Graben
Goethe-platz
Kegelbrücke
Über dem Kegeltor
Stadtschloss
Hummelstr.
Schützengasse
Steubenstraße
Ackerwand
Ilm
Marienstraße
Amalienstraße
Ilmpark
Am Poseckschen Garten
Hauptfriedhof
100 m
109 yd

CAFÉS

1 BIEBEREIS & O FRUTO

Ein Ex-Medienkunststudent als Eismacher? Felix Bieber macht's vor! Die Sorten heißen Mega-Mango oder Schoko-Brownie, eine leckerer als die andere. Du kannst dich nicht entscheiden? Mach einfach halbe-halbe! Wenn im Sommer in Weimar ein Biebereis-Fahrrad gesichtet wird, bildet sich davor garantiert eine lange Schlange. Im Café in der Windischenstraße und in der *Manufaktur (Di–Do 15–17, Fr–So 12–17 Uhr | Erfurter Str. 35 | Haltestelle Mozartstr. | Westvorstadt | b3)* kannst du das Eis das ganze Jahr über kaufen. Seit einiger Zeit mit dabei ist O Fruto: Flávia Carvalho, früher Patissière im Sternerestaurant Anna Amalia, verkauft Macarons, Törtchen und andere Delikatessen. *Tgl. | Windischenstr. 18 | Tel. 01520 3530000 | Facebook: Biebereis | €€ | Altstadt | c3*

INSIDER-TIPP
Aus Ei(n)s mach zwei

2 BROTKLAPPE

Die Bäckerei, die gleichzeitig ein Café ist, liegt zwischen Wielandplatz und Frauenplan. Ein guter Spot – es gibt viel zu gucken. Setz dich auf einen Hocker vor der Brotklappe, genieß deinen Cappuccino mit einer ganz frisch gebackenen, noch warmen Zimtschnecke, und

INSIDER-TIPP
Zum Kringeln lecker

Sieht so der Bäcker deines Vertrauens in Weimar aus? Ja, denn das ist die Brotklappe!

schau dem nie endenden Strom von Touristen und Weimarern zu, der hier vorbeizieht. Wenn du eins der leckeren Biobrote mitnehmen willst, solltest du eine Vorbestellung aufgeben. Sonst ist die Chance, in den Genuss zu kommen, sehr gering. Aber die Brotklappe gibt es zweimal in Weimar. Heißt für dich: Wenn du dein Lieblingsbrot in der Filiale am Frauenplan nicht mehr bekommst, schau doch einfach in der *Trierer Str. 46 (tgl. | Haltestelle Katholische Kirche | Westvorstadt | b3)* vorbei! Oft hat man Glück. *Tgl. | Frauenplan 8 | Tel. (beide Filialen) 03643 9082658 | brotklappe.de | €€€ | Altstadt | c3*

3 CAFÉ DU JARDIN

Mit Blick auf einen hübschen Garten französische Spezialitäten genießen – das kannst du wunderbar im Café du Jardin. Es liegt im Innenhof des historischen Kirms-Krackow-Hauses direkt am Biedermeiergarten. Du bekommst Kaffee in verschiedenen Zubereitungsarten und von Tartelettes bis Quiches alles, was gegen den kleinen Hunger hilft. *Mo/Di geschl. | Tel. 03643 2176310 | Jakobstr. 10 | €€ | Altstadt | d2*

4 COFFEE NAMU

Nahe am Herderplatz und trotzdem ruhig gelegen. In dem kleinen Café bekommst du ausgezeichneten Kaffee und köstliche Brownies. Du nimmst lieber feinen Tee und was Herzhaftes zum Snacken? Wie wär's dann mit Matcha und einem Sandwich oder Panino? *Sa/So geschl. | kein Tel. | Bornberg 5 | € | Altstadt | d3*

5 FAMA CAFÉ & BÜCHER

Schlemmen und Schmökern – im Fama geht beides, auch gleichzeitig. Vor allem das Wunschfrühstück solltest du dir nicht entgehen lassen! Du kannst es dir selbst zusammenstellen. Zwischen den Bücherregalen schmecken aber auch der Mittagstisch oder Kaffee und Kuchen. Du bist Vegetarier, Veganer oder hast eine Glutenunverträglichkeit? Auch dann kommst du auf deine Kosten. Im Sommer kann man gut draußen sitzen. Reservierung unbedingt empfehlenswert. *Tgl. | Windischenstr. 20 | Tel. 03643 908786 | fama-cafe-manufaktur.de | €€ | Altstadt | c3*

INSIDER-TIPP
Wunschlos satt und glücklich

6 CAFÉ & RESTAURANT FRAUENTOR

Achtzehn Sorten Kuchen werden jeden Tag in der hauseigenen Konditorei gebacken! Achtzehnmal die Qual der Wahl für alle Kuchenverrückten und Tortenbegeisterten. Außerdem bekommst du leichte Salate und deftige Hauptgerichte. Direkt zwischen Schillerhaus, Markt und Goethes Wohnhaus gelegen, die perfekte Location für einen kleinen, delikaten Zwischenstopp. *Di geschl. | Schillerstr. 2 | Tel. 03643 511322 | cafe-frauentor.de | €€€ | Altstadt | d3*

7 KORIAT-KUCHENMANUFAKTUR ★

Himmlisch leckeren Kuchen gibt es bei Aviv Koriat. Er kommt aus Israel und backt seine Kuchen und Tartes nach alten Rezepten, die er als Kind bei seiner Mutter und anderen Frauen in dem Kibbuz kennenlernte, in dem er aufwuchs. Es mangelt aber auch nicht an deutschen Konditoreiklassikern. *Mo geschl. | Steubenstr. 48 | Tel. 03643 8552899 | koriat.de | €€ | Westvorstadt | b3*

8 RESIDENZ-CAFÉ ★

Willkommen in Weimars ältestem Kaffeehaus! Willst du nur einen Kaffee schlürfen, nimmst du das tolle Frühstück oder ein leckeres Stück Kuchen? Oder vielleicht doch lieber ein hausgemachtes Kartoffelrösti? Ob alteingesessen oder neu zugezogen – das „Resi", wie die Locals es liebevoll nennen, kennt in Weimar jeder. Mitten in der Altstadt und mit Blick auf die Bastille ist diese Adresse auch nach über 175 Jahren immer noch einen Besuch wert. *Tgl. | Grüner Markt 4 | Tel. 03643 59408 | residenz-cafe.de | €€ | Altstadt | d3*

9 CAFÉ WÜNSCH DIR WAS

„Ich wünsche mir, einen Schatz in meinem Frühstück zu finden." „Ich wünsche mir einen entspannten Tag auf dem Land." Im Café werden Wünsche erfüllt! Das Wunschfrühstück gibt's bis 12 Uhr, außerdem verführerische Suppen, Salate und Kuchen. Die Kassettendecke und die Apothekerschränke erinnern daran, dass hier mal eine Drogerie drin war – die der Familie Wünscher nämlich. *Mo geschl. | Kaufstr. 20 | Tel. 03643 4437417 | cafe-wuensch-dir-was.de | €€ | Altstadt | d2*

IMBISSE

10 DAMAS

Lust auf syrisches Essen? Dann bist du bei Damas an der richtigen Adresse. Aus Schawarma-, Falafel- und Salatspezialitäten darfst du dir ein kleines Schlemmermenü zusammenstellen. Die Einrichtung ist eher schlicht, dafür gibt es jede Menge Sitzplätze, das Personal ist freundlich – und das Essen ein Träumchen. *Tgl. | Jakobstr. 11 | Tel. 03643 5618829 | Facebook: Damas Syrische Küche | € | Altstadt | d2*

11 FRITZ MITTE – STREET FOOD ★

In der langen Schlange vor Weimars beliebtester Imbissbude stehen sie alle: Schülerinnen, denen ihr Pausenbrot zu fad war; Anzugträger, die vor der Theatervorstellung noch eine Kleinigkeit snacken wollen; die Reisegruppe mit Senioren, die plötzlich der Hunger gepackt hat. Verkaufsschlager bei Fritz Mitte sind belgische Pommes mit einer der ausgefallenen Mayonnaisekreationen. Wenn dir das nicht reicht, kannst du dein Menü nach Belieben um Currywurst, Falafel, Salat oder Pulled Pork erweitern. *Tgl. | Schützengasse 8 | Tel. 03643 9004010 | fritzmitte.de | € | Altstadt | c3*

INSIDER-TIPP
Probier mal Parmesan-Rosmarin-Mayo

12 SUPPENBAR ESTRAGON

Mitten auf der Weimar-Tour meldet sich der kleine Hunger! Was jetzt? Ab zum Herderplatz mit den einladenden langen Bänken und der Suppenbar

Unsere Empfehlung heute

Deftiges

THÜRINGER ROSTBRATWURST
knackig vom Grill mit Brötchen und original Thüringer Senf

WEIMARER ZWIEBELKUCHEN
Leckerbissen aus Hefeteig und Zwiebeln, noch warm serviert

THÜRINGER KLÖSSE
kugelrunde Thüringer Originale aus rohen und gekochten Kartoffeln, mit einem Brotwürfel in der Mitte

THÜRINGER ROSTBRÄTEL
Schweinenacken, in einer Biermarinade zwei Tage kalt eingelegt und über Holzkohle gegrillt

ALTENBURGER ZIEGENKÄSE
Weichkäse mit 15 Prozent Ziegenmilch und markanter Kümmelnote, dazu frisches Brot

KARTOFFELPUFFER
goldgelb gebratene Taler aus geriebenen Kartoffeln

MUTZBRATEN
faustgroßes Stück Schweinefleisch, in Birkenholzrauch gegart, dazu Brot, Sauerkraut und Senf

Süßes

HEFEKLÖSSE MIT HEIDELBEEREN
mächtig und lecker, mit Heidelbeersoße verfeinert

THÜRINGER BLECHKUCHEN
als Mohn-, Kirsch- oder Nusskuchen und in vielen weiteren Variationen, die in Probierstückchen serviert werden

EIERSCHECKE
Kuchen mit drei Schichten: Hefeteig, Quarkmasse und als Krönung fluffiger Eierschaum

Getränke

EHRINGSDORFER URBRÄU
Weimarer Vollbier, das seit 175 Jahren gebraut wird

OSTA-COLA
original Thüringer Erfrischung mit einzigartigem Geschmack

WEIN „REGENT"
halbtrockener Rotwein vom Thüringer Weingut Bad Sulza

PFEFFI
Pfefferminzlikör aus Nordhausen

Estragon! Der vom ACC-Café betriebene Imbiss hat vielleicht ein bisschen Kantinenflair. Das ändert aber nichts an der simplen und überzeugenden Tatsache: Was hier in den Töpfen brodelt, ist ziemlich lecker. Jeden Tag außer Sonntag kannst du zwischen zwei bis drei Suppen in verschiedenen Größen wählen. *So geschl. | Herderplatz 3 | bioweimar.de/bio_bistro_rosmarin* | € | *Altstadt* | *d2*

RESTAURANTS

13 36 PHÔ CÔ

Hipper Laden mit vietnamesischer Küche. Die Speisekarte bietet eine gute Mischung aus Gerichten mit und ohne Fleisch. Wenn dir das freundliche Personal frische Kräuter zum Essen reicht, lass das Grünzeug nicht links liegen. Du peppst dein Essen damit noch mal zusätzlich auf. *Tgl. | Kaufstr. 5 | Tel. 03643 4 68 48 99 | pho-co-weimar.de* | € | *Altstadt* | *d3*

14 ACC-CAFÉ-RESTAURANT

Mmh, es duftet! Im ACC gibt es immer günstige Tagesgerichte, die Wochenkarte wechselt regelmäßig, je nachdem, was der Obst- und Gemüsemarkt der Saison gerade hergibt. Nichts für dich dabei? Schau mal in die Hauptkarte! Dort findest du noch mehr Leckeres zu günstigen Preisen. Und jetzt kommt das Sahnehäubchen: Den unwiderstehlichen Kuchen aus der Koriat-Kuchenmanufaktur gibt's hier zum Nachtisch – du musst nicht mal dafür anstehen. Den Beleg unbedingt aufheben, damit kommst du günstiger in die ACC-Galerie im Obergeschoss! *Tgl. | Burgplatz 1 | Tel. 03643 85 11 61 | acc-cafe.de* | €€ | *Altstadt* | *d3*

INSIDER-TIPP **Stell dich nicht an!**

15 ANNA

Willst du dir was ganz Besonderes gönnen? Dann ist das AnnA eine gute Wahl. Denn im legendären Hotel Elephant wird Spitzenküche serviert. Nach mehrmonatigem Umbau des Hauses wurde das Sternerestaurant Anna Amalia zum Restaurant AnnA. Die Einrichtung kommt stil- und geschmackvoll daher und schafft den Spagat zwischen modern und altehrwürdig. Das Essen ist experimentell: mal was aus der deutschen, mal was aus der asiatischen oder mediterranen Küche – und manchmal auch alles auf einmal, dabei aber in jedem Fall delikat! *Tgl. | Markt 19 | Tel. 03643 80 26 39 | hotelelephantweimar.de* | €€€ | *Altstadt* | *d3*

16 CRÊPERIE DU PALAIS

Ein kleines Stück Frankreich direkt am Wittumspalais: In der Crêperie bekommst du süße Crêpes, herzhafte Galettes und andere Leckereien, und zwar in ungewöhnlich großer Auswahl. Einige Gerichte werden auf Wunsch auch vegan zubereitet. Es lohnt sich zu reservieren. Das geht unkompliziert auf der Website. *Mo–Mi geschl. | Am Palais 1 | Tel. 03643 40 15 81 | creperie-weimar.de* | € | *Altstadt* | *c3*

INSIDER-TIPP **Ein Herz für Veganer**

17 FELSENKELLER

Probier mal, wie Thüringen schmeckt! Die erste Gasthausbrauerei des Landes tischt dir typische regionale Küche auf. Dazu gibt's das passende Bier aus hauseigenen Braukesseln. Wenn das Wetter stimmt, kannst du im Biergarten sitzen. *Mo/Di, Fr-Mittag, So-Abend geschl. | Humboldtstr. 37 | Tel. 03643 414741 | felsenkeller-weimar.de | Haltestelle Wilhelm-Külz-Str. | €€ |* Südstadt | b5

18 FRANZ & WILLI BURGERHAUS

Burgerträume aus klassischen und fleischlosen Pattys, knackigem Salat, hausgemachten Saucen – wenn man die Kreationen von Weimars erstem Burgerhaus sieht, will man einfach reinbeißen. Bei Franz & Willi wird Wert auf regionale Zutaten und natürliche Herstellung gelegt. Das Rindfleisch kommt aus dem Thüringer Wald, die Brötchen werden jeden Tag frisch vom lokalen Bäcker gebacken. *Mo geschl. | Rittergasse 21 | Tel. 03643 4433069 | franzundwilli.de | € |* Altstadt | c3

19 GRETCHENS RESTAURANT & CAFÉ

Im schicken, modernen Ambiente schmecken Frühstück und Abendessen besonders gut. Bei der Einrichtung wurde an Holz nicht gespart, warmes Licht sorgt für Wohlfühlat-

Frankreich liegt neben Italien, auch in Weimar: Crêperie du Palais

Im Gasthaus zum weißen Schwan hat sich schon Goethe richtig wohlgefühlt

mosphäre. Ein Highlight ist auch die Terrasse: essen mit Blick über Weimar. Die Küche variiert von gutbürgerlich bis mediterran, wobei die Zutaten immer aus der Region kommen. Abendessen gibts allerdings nur Freitag und Samstag. Toll auch für Familien: sehr kinderfreundlich mit Spielecke und Kletterhöhle. *Tgl. | Seifengasse 8 | Tel. 03643 4579877 | gretchens-weimar.de | €€–€€€ | Altstadt | c3*

20 KARTOFFELHAUS

Sagenhaft leckerer Kartoffelduft und gemütlich-warmes Licht, das auch mal von einer Straßenlaterne vor der Tür kommen kann – das Kartoffelhaus macht Appetit! An warmen Tagen werden die Klassiker und neuen Kreationen aus der Knolle auch im Biergarten serviert. Du solltest reservieren. *Mo-Mittag, So-Abend geschl. | Rollplatz 9 | Tel. 03643 772337 | kartoffelhaus-weimar.de | €€ | Altstadt | c2*

21 RESTAURANT LAURA ADAMA

Soul Food für Weimar – dieses Versprechen macht das 2021 von „Mr. Mo" eröffnete Restaurant Laura Adama seinen hungrigen Besuchern. Die Schank- und Speisewirtschaft mit westafrikanischem Flair befindet sich direkt am Markt über der Bar C.Keller. Die Hauptgerichte wie Yassa oder Jollof gibt es alle auch als vegane Variante. Nicht nur gut für Hunger, sondern wirklich auch gut für die Seele. *Mit-*

tags und Di geschl. | Markt 21 | Tel. 03643 5298300 | €€ | Altstadt | d3

22 RESTAURANT SAN

Authentische koreanische Küche in deutschem Wirtshausambiente – kannst du dir nicht vorstellen? Funktioniert aber wunderbar. Die großen Portionen und der Tee zum Essen werden meistens von freundlichen Bauhausstudenten serviert. Das Restaurant hat in den letzten Jahren einen kleinen Hype erlebt – du solltest reservieren, vor allem am Wochenende. *Mo, Di geschl. | Eisfeld 4 | Tel. 03643 258942 | Facebook: Koreanisches Restaurant San | €€ | Altstadt | c2*

23 SCHARFE ECKE ★

Du willst mal so richtig typisch thüringisch essen? Dann verpass nicht die Scharfe Ecke! Die klassische gutbürgerliche Küche ist einfach lecker. Die urige Einrichtung ist vielleicht nicht jedermanns Sache, aber für die hast du bei dem guten Essen sowieso keine Zeit. Vegetarier werden nicht vergessen, als Fleischesser kommst du aber eher auf deine Kosten. Unbedingt mehrere Tage im Voraus reservieren! *Mo, Di-Mittag geschl. | Eisfeld 2 | Tel. 03643 202430 | €€ | Altstadt | c2*

24 SCHMIDTI'S LAVA WEIMAR

Hier wird gegrillt und gebraten, was das Zeug hält. Und raus kommen raffiniert-kreative und verdammt leckere Fleischgerichte. Vom Wildschwein-Burger bis zum Schäufele bereitet der sterneküchenerprobte Sven Schmidt eine Menge Leckereien für dich zu. Vegetarier müssen hier nicht hungern, sich aber mit einer deutlich kleineren Auswahl zufriedengeben. *So/Mo geschl. | Karl-Liebknecht-Str. 10 a | Tel. 03643 4790080 | lava-weimar.com | €€€ | Altstadt | c2*

25 LA TRATTORIA

Rustikal-italienisches Flair, Terrasse und richtig gutes Essen: Nicht weit entfernt von Goethes Wohnhaus, der selbst oft in Italien war, liegt dieses tolle Restaurant. Ohne Reservierung wird es vor allem am Wochenende schwierig, einen Platz zu kriegen. Ein Essen in der Trattoria lohnt sich aber definitiv! Ein bisschen versteckt, trotzdem sehr zentral. *Mo, Di-Mittag geschl. | Brauhausgasse 13 | Tel. 03643 7737077 | €€ | Altstadt | c3*

26 GASTHAUS ZUM WEISSEN SCHWAN ★

„Der weiße Schwan begrüßt dich jederzeit mit offenen Flügeln." Geschrieben hat das Goethe höchstpersönlich in einem Brief, und es stimmt immer noch: Gastfreundschaft wird hier großgeschrieben. In einem der geschichtsträchtigsten Gasthäuser Deutschlands kommen Fans der gutbürgerlichen Küche auf ihre Kosten und Thüringer Spezialitäten neu interpretiert auf den Tisch. Willst du mal Goethes Lieblingsgerichte probieren? *Tgl. | Frauentorstr. 23 | Tel. 03643 908751 | weisserschwan.de | €€€ | Altstadt | c3*

SHOPPEN & STÖBERN

Weimar ist zwar nicht groß, bietet aber eine große Auswahl, wenn's ums Einkaufen geht. Egal ob du nach Klamotten stöbern willst, ausgefallene Einzelstücke suchst oder leckere Mitbringsel für zu Hause – bei so vielen unterschiedlichen Geschäften wirst du auf jeden Fall fündig.

Schlendere vom Theaterplatz über die Schillerstraße mit ihren vielen Läden bis zum Marktplatz vor dem Rathaus, wo von Montag bis Samstag jeden Tag Markt ist. Hier gibt es Schmuck, Tücher, Blumen und noch viel mehr – und wenn du vom Shopping hungrig gewor-

Alle Adressen in diesem Kapitel findest du auf der Faltkarte

Hübsche, kleine Läden findest du in Weimar viele, zum Beispiel in der Windischenstraße

den bist, auch eine Thüringer Rostbratwurst. Du stehst auf skurril oder kunstvoll? Findest du in Weimar auch: Im Zentrum verteilt liegen viele kleine Geschäfte mit spannendem Angebot. Wie wär's zum Beispiel mit einem exklusiven Souvenir aus dem Bauhaus-Atelier? Oder mit Thüringer Viba-Nougat, um dich zu trösten, wenn dich zu Hause die Sehnsucht nach Weimar packt? Unter der Woche gehst du am besten bis 19 Uhr shoppen, am Samstag bis 16 Uhr.

WO WEIMAR SHOPPT

MARCO POLO HIGHLIGHTS

★ **SCHIRMFACHGESCHÄFT ANNELIES PENNEWITZ**
Handgemachte Schirme mit Schick und Charme – ein Laden wie aus einer anderen Zeit ➤ S. 80

★ **BAUHAUS-ATELIER**
Das perfekte Souvenir, von Bauhaus-Studierenden für dich gemacht ➤ S. 81

★ **THÜRINGER SPEZIALITÄTENMARKT**
Ausgefallenes, Eingelegtes, Abgehangenes: Hier shoppst du Delikatessen aus der Region ➤ S. 78

★ **VIBA-SHOP WEIMAR**
Die Thüringer können nicht nur deftig, sondern auch süß. Verführerisches Nougat und mehr ➤ S. 78

Friedrich-Ebert-Straße
Am Kirschberg
Ilm
Friedensstraße/
Atrium
Friedensstraße
Friedensstraße
JAKOBSVORSTADT
WEIMAR-ATRIUM
Alles unter einem Dach in Weimars größtem Einkaufszentrum
Karl-Liebknecht-Str.
Am Jakobskirchhof
Jenaer Str.
Graben
Goetheplatz
Kegelbrücke
Marstallstraße
Goetheplatz
Stadtschloss
Viba-Shop Weimar
Schirmfachgeschäft Annelies Pennewitz
BEIM HERDERPLATZ
Schnuckelige Läden mit Delikatessen, Seife, ausgefallenen Klamotten
Markt
Schützengasse
Puschkinstraße
Thüringer Spezialitätenmarkt
Steubenstraße
Wielandplatz
Ackerwand
Beethovenplatz
Amalienstraße
Marienstraße
Bauhausuniversität
Ilmpark
Am Poseckschen Garten
Bauhaus-Atelier
100 m
109 yd
Hauptfriedhof
SÜDSTADT

ESSEN & TRINKEN

1 BIOLADEN ROSMARIN

Kräftiger Käse oder frisches Gemüse – regionale Bioprodukte shoppst du am besten mitten unter Weimarern im Bioladen Rosmarin. Daneben sind hier natürlich die klassischen Biomarken vertreten, zum Beispiel mit Tee oder Süßwaren. Direkt nebenan ist die Suppenbar Estragon. *Herderplatz 3* | *Altstadt* | *d3*

2 RÖSTBRÜDER

Zwei Brüder möchten ihre Kaffeeleidenschaft mit dir teilen und legen dabei Wert auf Transparenz: Du kannst den Weg der Bohnen von der Plantage bis in die Tasse nachvollziehen. Zu der kleinen Kaffeerösterei gehört auch ein Café. *Richard-Wagner-Str. 17* | *roestbrueder.de* | *Haltestelle Katholische Kirche* | *Westvorstadt* | *b4*

WOHIN ZUERST?

Markt *(d3)*: Von hier aus sind die meisten Einkaufsadressen entspannt zu erreichen. In der *Windischenstraße* und weiter Richtung Herderplatz gibt es viele kleine Läden mit schönen, leckeren, nützlichen Dingen: Tee, Klamotten oder Souvenirs. Erst zwischen Goetheplatz und Theaterplatz kommen die Standardketten, die du in jeder Stadt findest. Ähnlich sieht es im Einkaufszentrum *Weimar-Atrium* am Rand der Altstadt aus: keine ausgefallenen Läden, dafür alles, was man braucht, an einem Ort.

3 TEEBOUTIQUE

Ob Ginkgotee, Herders kleiner Kräutergarten oder Goethes Morgentee, die Hausmischungen der Teeboutique bringen Weimar in deine Tasse. Es gibt mehr als 300 Sorten und außerdem alles, was du zum Trinken und Zubereiten deines Tees brauchst. *Windischenstr. 23* | *teeboutique.de* | *Altstadt* | *c3*

4 THÜRINGER SPEZIALITÄTENMARKT ★

Der urige Laden hat das ganze Sortiment von Trink- und Essbarem aus regionalen Manufakturbetrieben. Von der Luthersalami bis hin zum Thüringer Durstlöscher Osta-Cola findest du hier jede Menge gute Mitbringsel für deine Freunde. Nicht einschüchtern lassen vom etwas muffeligen Personal! *Frauentorstr. 9* | *thueringer-spezialitaetenmarkt.de* | *Altstadt* | *d3*

INSIDER-TIPP Erfrischendes Souvenir

5 VIBA-SHOP WEIMAR ★

Ein süßes Stück Thüringen für zu Hause: Der Viba-Shop lässt nicht nur Kinder vor Begeisterung ausflippen. Neben dem klassischen Nougat gibt es auch andere Spezialitäten des Thüringer Süßwarenherstellers, zum Beispiel Zuckerkissen oder Marzipan. *Geleitstr. 25* | *viba-sweets.de* | *Altstadt* | *c2*

MODE

6 LIEBLINGSSTÜCKE

In Franziska Spindlers Laden kannst du dich so richtig verlieren. Sorgfältig

Mit „Hat Couture" von den Zwillingsnadeln fällst du zu Hause garantiert auf

ausgewählte Stücke von verschiedenen Marken hat sie mit viel Liebe zusammengestellt. Ausgefallene Muster oder stilvoll-schlichte Kleider, hier findest du alles. *Windischenstr. 31 | lieblingsstuecke-weimar.de | Altstadt | c3*

7 LOVEAFAIR

Hipper Laden mit fair gehandelten und oft veganen Kleidern – und ohne altbackenen Ökolook. Du willst wissen, woher die Materialien in deinem Kleid kommen? Bei Loveafair macht man darum kein Geheimnis. Der Laden vertreibt mittlerweile sogar eine eigene Marke. *Marktstr. 22 | loveafair-weimar.de | Altstadt | c3*

8 SECONDHAND-FUNDUS

Wenn du Secondhand-Klamotten für Frauen shoppen willst, geh in die Windischenstraße. Der kleine Fundus hat Vintage-Kleider, Röcke, Blusen, Hosen, nicht ganz günstig, aber sehr schick. Hier macht das Stöbern Laune. *Windischenstr. 14 | Altstadt | c3*

9 DIE ZWILLINGSNADELN

Fehlt deinem Urlaubsoutfit noch das gewisse Etwas? Die Zwillingsnadeln haben es! Jeder der vielseitigen Hüte ist mit viel Liebe von Hand gefertigt. Echte Weimarer „Hat Couture" von elegant über verspielt bis ausgefallen. *Windischenstr. 29 | die-zwillingsnadeln.de | Altstadt | c3*

DIES & DAS

10 DESIGN. WE LOVE

Du hättest am liebsten ein Stück Weimar in deinem Zuhause? Bei Design. We Love werden mit eigenem Label Produkte und Wohnaccessoires lokal produziert, es finden sich aber auch Möbelstücke und Einrichtungsgegenstände anderer nachhaltiger Marken. *Schützengasse 6 | designwe.love | Altstadt | c3*

11 SCHIRMFACHGESCHÄFT ANNELIES PENNEWITZ ★

In ein paar Jahren wird es in Deutschland wohl keine Schirmmacher mehr geben. Annelies Pennewitz ist eine der letzten Vertreterinnen dieser Handwerkskunst, seit 1998 wird in dem Beruf nicht mehr ausgebildet. Also nutz die Gelegenheit, wenn du schon mal in Weimar bist, und lass dich von ihren liebevoll gefertigten Schirmen und den selbst gemachten Taschen begeistern. Geh auf jeden Fall auch hoch in die Sammlung historischer Schirme im ersten Stock! Das *Schirmmuseum* kannst du dir während der Ladenöffnungszeiten ansehen. *Sa nur bis 14 Uhr | Rittergasse 19 | Altstadt | c3*

INSIDER-TIPP
Mehr als nur Vintage

12 SEIFE & SINNE

Wenn du in der Nähe der Rittergasse jemanden triffst, der nach Lavendel, Ringelblume oder Rose duftet, kommt er mit hoher Wahrscheinlichkeit aus diesem Laden. Seife mit Schafmilch oder Reisöl, Seifenunterlagen, Seifenetuis – hier gibt's einfach alles rund um die Seife. *Rittergasse 1 | seife-sinne.de | Altstadt | c2*

Jetzt wird's frisch: Auf dem Wochenmarkt gibt es regionale Lebensmittel – und mehr

13 WEIMAR-NATURALIEN PETER GENSEL

Du stehst auf Kuriositäten? Du bist verrückt nach Fossilien, Steinen, Muscheln und allem, was die Natur an Schönheiten hervorbringt? Im Laden von Dagmar und Peter Gensel kannst du dich austoben! Wühl dich durch ein Sammelsurium von Naturalien, und lass dir die Souvenirtüte vollpacken. *Schillerstr. 6 | mineralienundfossilien-weimar.de | Altstadt | c3*

MARKT

14 WOCHENMARKT

Direkt vorm Rathaus kannst du dich von Stand zu Stand treiben lassen und frische Lebensmittel aus der Region, Kunsthandwerk oder Souvenirs shoppen. Über allem schwebt der verführerische Duft von den Rostbratwurstständen. Ob mit oder ohne Snack, beim Spaziergang über den Markt wirst du dich bestimmt in das eine oder andere Stück verlieben. *Mo–Sa 8–16 Uhr | Markt | Altstadt | d3*

SOUVENIRS

15 BAUHAUS-ATELIER ★

Der Shop der Bauhaus-Uni ist die richtige Adresse, wenn du noch ein exklusives Weimar-Andenken suchst. Hier findest du nämlich selbst gestaltete Produkte von Bauhaus-Studierenden. Ansonsten gibt's witzige Stempel, schöne Mappen und viele, viele Bücher über das Bauhaus. Auch für den kleinen Geldbeutel ist was dabei. *Mo–Fr 11.30–17, Sa 13–17 Uhr | Geschwister-Scholl-Str. 6a | Innenhof des Uni-Hauptgebäudes | uni-weimar.de/bauhaus-atelier | Haltestelle Bauhaus-Universität | Westvorstadt | d4*

16 GINKGO-SHOP

Souvenirs zwischen typisch Weimar und ein bisschen ungewöhnlich. Im Ginkgoshop am Markt findest du alles rund um die Pflanze, die Goethe so inspirierend fand und die seit Jahrhunderten eng mit der Stadt verbunden ist: Ginkgotee, Ginkgo-Ohrringe, Ginkgobücher und natürlich Ginkgobäume. *Windischenstr. 1 | ginkgoshop.de | Altstadt | d3*

MUSEUMSSHOPS DER KLASSIK-STIFTUNG

Gleich vier Museumsshops betreibt die Klassik-Stiftung in Weimar. Um einzukaufen, brauchst du keine Eintrittskarten für die Museen. Das Sortiment mit Bildbänden, Literatur, Postern, Geschenken und vielem mehr passt jeweils zum Thema der Ausstellung.

Es gibt den *Bauhaus-Store (Frauentorstr. 4 | Altstadt | d3)* am Markt und den *Bauhaus-Store im Bauhaus-Museum (Stéphane-Hessel-Platz 1 | Nordvorstadt | c1)*, die sich – na klar – dem Bauhaus und seinem Erbe widmen.

Im *Shop im Goethe-Nationalmuseum (Frauenplan 1 | Altstadt | d4)* geht's vor allem um den berühmten Dichter und im Laden *Weimarer Klassiker im Schillermuseum (Schillerstr. 12 | Altstadt | c3)* um andere prägende Persönlichkeiten der Stadt, wie Schiller, Herzogin Anna Amalia oder Franz Liszt. *museumshop-weimar.de*

AUSGEHEN & FEIERN

Wer früh schlafen gehen will, wird wahrscheinlich nicht durch lärmende Massen in den Straßen geweckt werden. Weimar wirkt abends oft wie ausgestorben. Aber der Schein trügt: Die kleine Stadt hat unerwartet viel zu bieten – urige Kneipen, hippe Bars, alternative Kinos und eine abwechslungsreiche Theaterlandschaft.

Es kann dir leicht passieren, dass du von einer menschenleeren Straße in eine rappelvolle Kneipe mit feuchtfröhlicher Stimmung und Livemusik stolperst. Oder du sitzt plötzlich zwischen lauter Men-

Alle Adressen in diesem Kapitel findest du auf der Faltkarte

Gute Stimmung im Gewölbe: Studentenclub Kasseturm

schen, die sich bei einem Wein über das letzte Stück im DNT unterhalten. Und im Sommer gibt es sie dann mitunter doch, die Grüppchen, die draußen feiern: junge Leute, die sich an schönen Spots in der Stadt versammeln und beim Bier aus dem Späti den lauen Abend genießen. Manchmal muss man vielleicht ein bisschen suchen, aber das Schöne ist, in Weimar gibt es mit Sicherheit für jeden Geldbeutel und jede Stimmung etwas.

WO WEIMAR AUSGEHT

MARCO POLO HIGHLIGHTS

★ **ZUM FALKEN**
Voll, gut gelaunt und hip: die Kneipe für den späten Abend ➤ S. 86

★ **WEINBAR WEIMAR**
Riesenauswahl in allen Preisklassen und lässig-schickes Ambiente ➤ S. 87

★ **C.KELLER & GALERIE MARKT 21**
Gelungener Mix aus Musik, Kunst und Literatur auf mehreren Stockwerken ➤ S. 88

★ **DEUTSCHES NATIONALTHEATER**
Vor der Tür begrüßen dich Goethe und Schiller, das Programm im Traditionstheater ist vielfältig. Auf keinen Fall verpassen! ➤ S. 89

★ **SALON KONETZNY**
Früher wurden hier Haare geschnitten, heute werden in gemütlicher Eckkneipen-Atmosphäre Bierchen gezischt ➤ S. 86

Weimar
Meyerstraße
Ernst-Thälmann-Straße
Carl-August-Allee
Friedrich-Ebert-Str.
Carl-August-Allee
Hary-Graf-Kessler Str.
Friedensstraße/Atrium
Friedensstraße
Friedensstr.
Ilm
Schießhaus-hölzchen
Weimarhallen-park
JAKOBSVORSTADT
UM DEN THEATERPLATZ
Drama auf großen und kleinen Bühnen
Jenaer Str.
Graben
Goethe-platz
Goetheplatz
Burgplatz
Deutsches Nationaltheater ★
C.Keller & Galerie Markt 21 ★
Gropiusstraße
Gropiusstr.
SÜDLICHE KNEIPENSZENE
Barhopping von urig bis schick
Steubenstr.
Wielandplatz
Weinbar Weimar ★
Amalienstr.
Zum Falken ★
Salon Konetzny ★
Bauhausuniversität
Humboldtstr.
Marienstr.
Ilmpark
Haupt-friedhof
200 m
219 yd

BARS & KNEIPEN

1 ACC-CAFÉ WEIMAR

Bis Mitternacht kannst du am Burgplatz die kreative Atmosphäre im Café des Kulturzentrums genießen. Laue Sommerabende verbringst du draußen unter bunt gemischten Gästen. *Tgl. 11–24 Uhr | Burgplatz 1 | acc-cafe.de | Altstadt | d3*

2 ZUM FALKEN ★

Von außen unscheinbar und ein bisschen heruntergekommen, drinnen einfach nur saugemütlich. Die Stimmung im Falken ist immer gut und ausgelassen, du triffst oft viele Studierende aus Weimar. Hin und wieder gibt es auch Livemusik auf die Ohren, und im Hinterzimmer kann man Billard spielen.

INSIDER-TIPP
Da wackelt der Falke

WOHIN ZUERST?

Unruh *(c3):* Starte mit Berghüttenflair, einem guten Bier und einer ordentlichen Brotzeit zur Stärkung in den Abend! Danach wechselst du das Ambiente und läufst rüber in den hippen *Salon Konetzny.* Wo soll's als Nächstes hingehen? Du hast die freie Auswahl. Weimar macht dir das Barhopping richtig leicht, weil alles so schön nah beieinander liegt. Wenn du viel Ausdauer und kein Problem mit Raucherkneipen hast, geh zum Schluss in den *Falken:* Hier ist oft auch richtig spät am Abend noch gut was los.

Was will man mehr? *Mo–Sa 19–5, So 19–24 Uhr | Trierer Str. 7 | Haltestelle Gropiusstr. | Westvorstadt | b4*

3 PLANBAR

In der Planbar am Rand des Jakobsviertels wirst du von Johann Sebastian Bach begrüßt – er steht da als Lampe. Mehrmals in der Woche legen DJs auf, und im Sommer kannst du schön draußen sitzen. Gegenüber des Einkaufszentrums Atrium und an einer Straße gelegen, hat die Bar dann richtig urbanen Charme. *Tgl. 18–2 Uhr | Am Jakobsplan 6 | Altstadt | c2*

4 RESERVEBANK

Bierchen, gute Musik und eine Runde Kickern gefällig? Dann ab auf die Reservebank! Gemütliche Kneipe in unmittelbarer Nähe der Bauhaus-Universität. Hauptsächlich junge Leute, viele Studierende. *Tgl. 19–3 Uhr | Geschwister-Scholl-Str. 1 | Facebook: Reservebank | Haltestelle Am Poseckschen Garten | Westvorstadt | c4*

5 SALON KONETZNY ★

Schick, hip, verraucht. Früher wurden hier Haare geschnitten, heute genießt man Drinks im kerzenlichtdurchfluteten Raum mit üppiger Zimmerbegrünung. Holzbalken durchziehen den Salon, im Hintergrund läuft entspannter Elektro. Misch dich unter die Weimarer Boheme, und lass dir von den zuvorkommenden Barkeepern einen Pfefferminzlikör geben. Der Abend wird toll, versprochen! *Di–So 19–1 Uhr | Humboldtstr. 18 | Facebook: Salon Konetzny | Haltestelle Am Poseckschen Garten | Westvorstadt | c4*

Wenn du Livemusik willst, lohnt sich ein Abstecher in die Kneipe Zum Falken

6 UNRUH

Wenn du diese Kneipe betrittst, verlässt du Weimar und findest dich an einem Ort mit Berghüttenflair wieder: holzlastige Einrichtung, ulkige Musik, gehobene Stammtischstimmung. Das Unruh ist eine originelle Location zum gemütlichen Zusammensitzen und Biertrinken. Auch zu später Stunde bekommst du hier noch eine zünftige Brotzeit serviert. *Tgl. 19–2 Uhr | Marktstr. 11 | Altstadt | c3*

INSIDER-TIPP
Brotzeit als Nachtsnack

7 WEINBAR WEIMAR ★

Modern, schick, edel und gemütlich – die Weinbar ist alles auf einmal, je nachdem in welchem ihrer vier Zimmer du dich grade aufhältst. Durch bis zu 100 offene Weine für den kleinen und großen Geldbeutel kannst du dich hier probieren. Dezent treibende Elektrobeats sorgen für eine angenehm kribbelige Stimmung. Perfekt für den Ausklang eines kulturbeladenen Tags. *Di–Sa ab 18 Uhr | Humboldtstr. 2 | weinbar-weimar.de | Reservierung unter Tel. 03643 4699533 empfohlen | Haltestelle Wielandplatz | Westvorstadt | c4*

8 ZUR ALTEN LATERNE

Du bist in Weimar unterwegs, möchtest aber auf keinen Fall das Fußballspiel deiner Lieblingsmannschaft verpassen? Kein Problem in der Alten Laterne. In der gemütlichen Sportbar darf sogar noch drinnen geraucht werden. Wem das zu viel ist, der kann es sich aber auch draußen bequem machen und bei einem Bier ins Gespräch kommen. *Di–Fr 17–2, Sa 15–2, So 15–1 Uhr | Geleitstr. 17 | Altstadt | c2*

LIVEMUSIK & TANZEN

9 C.KELLER & GALERIE MARKT 21

Kneipige Kneipe und Veranstaltungsort: im Erdgeschoss die „Bar" zum Tanzen und Kopfnicken, das 2021 eröffnete Restaurant Laura Adama (s. S. 72) und zwei Galerieräume im Obergeschoss mit Platz zum Genießen und Sinnieren. In diesem Laden direkt am Markt dreht sich alles um Musik, Kunst und Literatur. Du suchst gute Drinks für wenig Geld, netten Service und am besten auch noch Livemusik dazu? Dann bist du hier richtig. Montagabend wird im C.Keller meist Jazz gespielt – Eintritt frei. *Tgl. | Markt 21 | c-keller.de | Altstadt | d3*

INSIDER-TIPP
Jazz für umme

10 KASSETURM

Von Studierenden für Studierende und für die, die es mal waren, und die, die es nie werden wollten. Der Kasseturm war früher mal Teil der Weimarer Stadtmauer. Heute beherbergt er den nach eigener Aussage ältesten Studentenclub Deutschlands – gegründet 1962. Hier kann man alles machen, was Studis lieben: feiern, Konzerte hören, Spiele spielen. Meist freier Eintritt. Um herauszufinden, wann gespielt oder getanzt wird, am besten einmal auf die Website schauen. *Goetheplatz 10 | kasseturm.de | Altstadt | c2*

11 OTHER MUSIC ACADEMY

Die OMA ist ein altes Schulgebäude, umgenutzt in einen kulturellen Begegnungsort, in dem sich alle Kunst- und Kulturinteressierten aus Weimar treffen und austoben können. Ob mit Musik beim *Yiddish Summer* oder beim *OMA-Café* mit urgemütlicher, stilvoller Wohnzimmeratmosphäre. Während des Krieges gegen die Ukraine beherbergt die OMA Geflüchtete, weswegen der Café-Betrieb vorübergehend eingestellt ist. Schau auf die Website für Infos zu Veranstaltungen und Öffnungszeiten. *Ernst-Kohl-Str. 23 | othermusicacademy.eu | Haltestelle Hauptbahnhof | Nordvorstadt | D6*

KINO

12 LICHTHAUS

Im Kino im alten Straßenbahndepot reihen sich Kinosessel an kuschelige Sofas. Allgegenwärtiger Industriecharme in den drei heimelig eingerichteten Kinosälen. Es laufen ausgewählte Filme abseits des Mainstreams. Hol dir eine Biolimonade an der Kinobar, und stell dich in das Knäuel der wartenden Gäste – meistens ergeben sich interessante Gespräche. *Am Kirschberg 4 | Tel. 03643 4788993 | lichthaus.info | Haltestelle Friedensstr./Atrium | Nordvorstadt | d1*

13 KINO MON AMI

Das kommunale Kino unterm Dach des gleichnamigen Kulturzentrums zeigt anspruchsvolle Filme. Bist du mit deinen Kindern unterwegs? Dann schau nach, ob etwas im Kinderkino läuft. Immer wieder hat das Mon Ami thematische Filmreihen, zum Beispiel in Kooperation mit der Bauhaus-Universität. Zu

INSIDER-TIPP
Filmabend mit Familie

finden ganz zentral am Goetheplatz. *Goetheplatz 11 | Kartentel. 03643 84 77 45 | kinomonami.de | Altstadt | c2*

THEATER & KONZERTE

14 DEUTSCHES NATIONALTHEATER

Wenn junge und alte Theaterfans im schicken Foyer des ehrwürdigen DNT ihren Sekt schlürfen, liegt Vorfreude in der Luft. Und dann dürft ihr endlich rein in den Theatersaal, in dem man gerne mal überrascht wird – von Klassikern und modernen Stücken gleichermaßen. *Theaterplatz 2 | Reservierung unter Tel. 03643 75 53 34 oder service@nationaltheater-weimar.de empfohlen, vor allem am Wochenende | nationaltheater-weimar.de | Altstadt | c3*

15 E-WERK

Nicht nur das Lichthaus-Kino ist auf dem Gelände des E-Werks zu finden, sondern auch eine Spielstätte des jungen DNT. Außerdem finden hier immer wieder schicke Partys oder Festivals statt – wer feierwütig ist, sollte den Veranstaltungskalender der Stadt Weimar im Blick behalten. Eine eigene Website hat das E-Werk nämlich nicht. *Am Kirschberg 4 | Haltestelle Friedensstr./Atrium | Nordvorstadt | d1*

16 GALLI-THEATER WEIMAR

Kleines, privates Theater mitten in der Innenstadt. Launig-unterhaltsames Programm für Erwachsene und Kinder mit leichtem Hang zum Klamauk. Immer Samstag und Sonntag gibt's das Märchen-Mitspieltheater. *Windischenstr. 4–6 | Tel. 03643 77 82 51 | galli-weimar.de | Altstadt | d3*

Energie für Partys und junges Theater: E-Werk

17 JUGEND- & KULTURZENTRUM MON AMI

Neben dem Kino bietet das Kulturzentrum Mon Ami eine breite Auswahl an Theatervorstellungen, Workshops und Konzerten. Vorbeischauen lohnt sich. Tickets bekommst du meistens auf der Website. *Goetheplatz 11 | monami-weimar.de | Altstadt | c2*

18 THEATER IM GEWÖLBE

Im Cranachhaus gibt's ein kuscheliges Theater, das vor allem Stücke rund um Goethe und Schiller zeigt – aus den verschiedensten Perspektiven und oft mit einem Augenzwinkern. Du darfst dich überraschen lassen. *Markt 11/12 | Kartentel. 03643 77 73 77; Reservierung auch online | theater-im-gewoelbe.de | Altstadt | d3*

AKTIV & ENTSPANNT

Wie wär's mit einem Radausflug zum Deutschen Bienenmuseum?

KAFFEE • TEE WAFFELN

SPORT, SPASS & WELLNESS

WANDERN

Zahllose Wanderwege führen durch oder an Weimar vorbei. Viele sind bekannten Persönlichkeiten gewidmet, die selbst mal in der Gegend unterwegs waren, zum Beispiel Martin Luther, Herzogin Maria Pawlowna oder Napoleon. Einer der bekanntesten ist der 28 km lange *Goethe-Wanderweg* von Weimar nach *Großkochberg* (s. S. 59): Auf den Spuren des Dichters läufst du durch abwechslungsreiche Landschaft. Willst du dir beim Wandern mal die Füße kühlen? Entlang des *Kneipp-Rundwegs* bei Bad Berka gibt's mehrere Kneipp-Tretbecken.

RADFAHREN

Auch gut ausgebaute Radwanderwege findest du im Weimarer Land jede Menge. Beliebt sind *Feininger-, Ilmtal-* und *Laura-Radweg,* die auch für Gelegenheitsradler machbar sind. Wenn du kein eigenes Rad dabeihast, leih dir eins aus bei der *Grünen Liga Thüringen* (s. S. 115).

KLETTERN

Willst du nach einem vollgepackten Kulturtag die Wände hochgehen? Die Kletterhalle *Energiewände (Mo–Mi 14–23, Do/Fr 10–23, Sa/So 10–21 Uhr | ab 10 Euro | Kromsdorfer Str. 11 | kletterhalle-weimar.de | Haltestelle Kromsdorfer Str. | Industriegebiet Nord | 🕮 E5)* bietet Boulder- und Kletterrouten drinnen wie draußen.

SCHWIMMEN

Schwimmer ziehen im *Schwanseebad (unregelmäßige Öffnungszeiten, siehe Website | Eintritt ab 4 Euro | Hermann-Brill-Platz 2 | short.travel/wei7 | Haltestelle Hermann-Brill-Platz | Westvorstadt | 🕮 b1)* in der Halle oder unter freiem Himmel ihre Bahnen und schwitzen anschließend im Dampf-

Entspannung mit Licht, Sound, Wellen und Wärme in der Toskana-Therme Bad Sulza

bad. Im Sommer kühlst du dich im *Stausee Hohenfelden (tgl. 9–18 Uhr | Eintritt 3 Euro | Hohenfelden | erlebnisregion-hohenfelden.de | 0)* ab. Dort gibt's eine große Liegewiese, einen FKK-Bereich und einen Bootsverleih.

ENTSPANNEN

Mit seinen fünf Saunen bietet das *Saunabad Weimar (Mi–Fr 14–23.30, Sa/So 12–23.30 Uhr | Eintritt ab 18 Euro | In der Buttergrube 11 | saunabad-weimar.de | Haltestelle Legefeld, Kastanienallee | Legefeld | 0)* reichlich Entspannung. Im warmen Heilwasser dümpeln, sphärischen Unterwasserklängen lauschen, in der Panoramasauna die Landschaft genießen und danach auf einer flauschigen Liege wegdösen – klingt für dich nach einem gelungenen Tag? Dann ab in die *Toskana-Therme Bad Sulza (So–Fr 10–22, Sa 10–23 Uhr | Eintritt ab 18 Euro | Wunderwaldstr. 2a | Bad Sulza | toskanaworld.net | 0)!* Am ersten Samstag im Monat verwandeln sich die Becken für den *Liquid Sound Club* bis Mitternacht in eine Tanzfläche.

INSIDER-TIPP
Tanzen und tauchen

AUSTOBEN

Perfekt für einen Regentag: In der *Abenteuersiedlung (n. Voranm. auf der Website | Preise variieren | Marcel-Paul-Str. 61c und 15 | spassimteam.de/abenteuersiedlung | Haltestelle Allstedter Str. | Weimar-Nord | C5)* toben sich Klein und Groß auf dem Indoorspielplatz aus oder lösen im Escaperoom Rätsel. Die volle Bandbreite Spaß gibt's im *Aktivpark Hohenfelden (Öffnungszeiten und Preise variieren | Am Stausee 6 | Hohenfelden | aktivpark-hohenfelden.de | 0)*: vom Kletterwald über Adventuregolf bis zum Bogenschießen.

FESTE & EVENTS

MÄRZ/APRIL

Ostermarkt: Kurz vor dem Osterfest wird der Start in den Frühling gefeiert. Weimars Innenstadthändler und Gastronomen präsentieren Kunsthandwerk und leckere Spezialitäten.

MAI

Spacekid-Headcup *(skhc.de):* Legendäres Seifenkistenrennen am 1. Mai. Kleine und große Rennfahrer fetzen in selbst gebastelten Gefährten die steilen Straßen Weimars runter (s. S. 20).

Blumenmarkt: Ende Mai verwandelt sich der Marktplatz in ein Blumenmeer. Nicht nur was für Freizeitfloristen und Hobbygärtner, denn die Farbenpracht ist ein toller Anblick.

MAI/JUNI

Köstritzer Spiegelzelt *(koestritzer-spiegelzelt.de):* Sieht aus wie ein Zirkuszelt aus Holz und Leinwand, ist aber eine Veranstaltungshalle. Von Ende Mai bis Ende Juni buntes Programm mit Musik und Kabarett.

Poetryfilmfestival *(filmpoetry.com):* Internationales Festival Ende Mai, Anfang Juni. Gezeigt werden experimentelle Kurzfilme, die versuchen, literarische Texte in Bilder zu fassen.

JUNI

Somedate *(somedate.de):* Elektrofestival Anfang Juni auf dem Ettersberg. Einen Tag und eine Nacht lang unter freiem Himmel tanzen, essen und feiern.

JULI

Summaery *(uni-weimar.de):* Mitte Juli lädt die Bauhaus-Universität zur Jahresschau ein. Vier Tage lang kannst du dir in Ausstellungen, Präsentationen und Performances anschauen, was die Studierenden in einem Jahr so alles designt, gebaut oder gedreht haben.

Du denkst, Zwiebeln sind nur zum Essen da? Dann schau mal auf den Zwiebelmarkt!

JULI/AUGUST

Yiddish Summer Weimar *(yiddish summer.eu):* Von Mitte Juli bis Mitte August bietet das Festival ein vielfältiges Programm rund um die traditionelle und zeitgenössische jiddische Kultur, wie abendliche Konzerte, Sprach-, Tanz- oder Kochkurse.

AUGUST

Genius Loci *(genius-loci-weimar.org):* Digitalkünstler projizieren Fassadenshows an Weimarer Gebäude und verzaubern für ein Wochenende Anfang August die Stadt.

Weinfest: Das Fest zu Ehren Goethes findet um seinen Geburtstag, den 28. August, auf dem Frauenplan statt. Gute Gelegenheit, sich durch die regionalen Weine zu probieren.

AUGUST/SEPTEMBER

Kunstfest Weimar *(kunstfest-weimar.de):* Thüringens größtes Festival für zeitgenössische Künste erlebst du Ende August, Anfang September in Weimar. Auf dem Programm steht so gut wie alles: Tanz- und Theatergastspiele, Konzerte, Filmvorführungen, bildende Kunst.

OKTOBER

Zwiebelmarkt: Am zweiten Oktoberwochenende lädt Weimar zum größten Volksfest Thüringens ein. Es gibt Bühnenshows und viele, viele Stände, an denen Zwiebeln in allen möglichen Farben und Formen verkauft werden – legendär sind die Weimarer Zwiebelzöpfe.

NOVEMBER/DEZEMBER

Weihnachtsmarkt *(weimar-weihnachtsmarkt.de):* Der Weimarer Weihnachtsmarkt schlängelt sich mit seinen liebevoll ausgewählten Ständen vom Theaterplatz bis zum Herderplatz einmal durch die gesamte Innenstadt.

SCHÖNER SCHLAFEN

IRRE KUNSTVOLL

Lila Zimmer, Turmzimmer, Islandzimmer, Himmelzimmer – im *Labyrinth-Hostel (21 Zi. | Goetheplatz 6 | Tel. 03643 81 18 22 | weimar-hostel.com | € | Altstadt | c2)* macht es Spaß, sich zu verirren. Du kannst hinter jeder Ecke was Neues entdecken. Die Zimmer wurden von Künstlern aus Weimar individuell gestaltet. Egal ob du deine Ruhe haben willst oder Gesellschaft suchst, hier wirst du dich wohlfühlen. In der Gästeküche kannst du eigene Gerichte zaubern. Musst du aber auch nicht, denn dank der zentralen Lage bist du fix überall in der Stadt. Und im Sommer genießt du kostenlosen Kaffee auf der Dachterrasse.

INSIDER-TIPP
Spar dich wach

TÜR AN TÜR MIT WEIMARERN

Mitten in Weimar wie in der eigenen Wohnung übernachten? Die *Goethezimmer (13 FeWo/Zi. | Tel. 03643 4 57 98 88 | goethezimmer.de | €–€€)* machen's möglich. Goethe selbst hätte sich in den denkmalgeschützten Häusern mit Sicherheit richtig wohlgefühlt. Die gemütlichen Ferienwohnungen und -zimmer zu fairen Preisen gibt es an fünf Standorten in der Stadt.

FAMILIENURLAUB OHNE STRESS

Ferien mit dem Nachwuchs können schon anstrengend sein. Deswegen setzt das *Familienhotel Weimar (11 FeWo | Seifengasse 8 | Tel. 03643 4 57 98 88 | familienhotel-weimar.de | €€ | Altstadt | d3)* mitten in der Altstadt auf ein kinderfreundliches Konzept. Auf der Dachterrasse gibt es einen Sandkasten, in den Zimmern Spielzeug, und wenn nötig bekommst du Babyausstattung dazu. Komfort für Groß und Klein, noch dazu in einem Haus in Öko-Bauweise.

Ob Udo Lindenberg bei seinem Besuch im Hotel Elephant hier geloungt hat?

VIETNAM IN WEIMAR

Nach dem leckeren vietnamesischen Essen im Restaurant 36 Phô Cô musst du nur einmal über die Straße, und schon bist du im *36 Phô Cô Guesthouse (11 Zi., 1 Apt. | Kaufstr. 2/4 | Tel. 03643 6 00 17 01 | pho-co-weimar.de | €€–€€€ | Altstadt | 🕮 d3)*. Die Einrichtung ist eine Mischung aus DDR-Chic und asiatischem Detail – mit viel Liebe entworfen. Die Zimmer heißen Sapa, Hoi An oder Saigon. Am Marktplatz im Herzen der Stadt erwartet dich eine Vietnamtour auf unverwechselbare Weimar-Art.

LUXUS MIT GESCHICHTE

Schon Goethe und Schiller haben hier gegessen, später waren unter anderem Thomas Mann und Udo Lindenberg zu Gast. Keine Frage: Das *Hotel Elephant (99 Zi. | Markt 19 | Tel. 03643 80 20 | hotelelephantweimar.de | €€€ | Altstadt | 🕮 d3)* ist die geschichtsträchtigste Unterkunft, die du dir in Weimar aussuchen kannst. Trotzdem wohnst du in modernen, eleganten Zimmern. Direkt vor dem Hotel tobt das Leben auf dem Marktplatz, drinnen kannst du bei bestem Service in Ruhe die Füße hochlegen und entspannen.

WIE ROMANTISCH! WIE ERHOLSAM!

Ein großzügiges Gelände mit Gartenpavillon, Kräutergarten und viel Grün. Dazu im Hotel ein großer Beauty- und Spabereich. Wer so richtig abschalten will nach einem Tag voller Erlebnisse, wird sich im *Dorotheenhof Weimar (56 Zi. | Dorotheenhof 1 | Tel. 03643 45 90 | wellnesshotel-weimar.de | €€€ | Bus 7 Haltestelle Siedlung Schöndorf | Schöndorf | 🕮 F3)* wohlfühlen. Das Hotel liegt zwar etwas außerhalb, ist aber mit dem Bus gut zu erreichen.

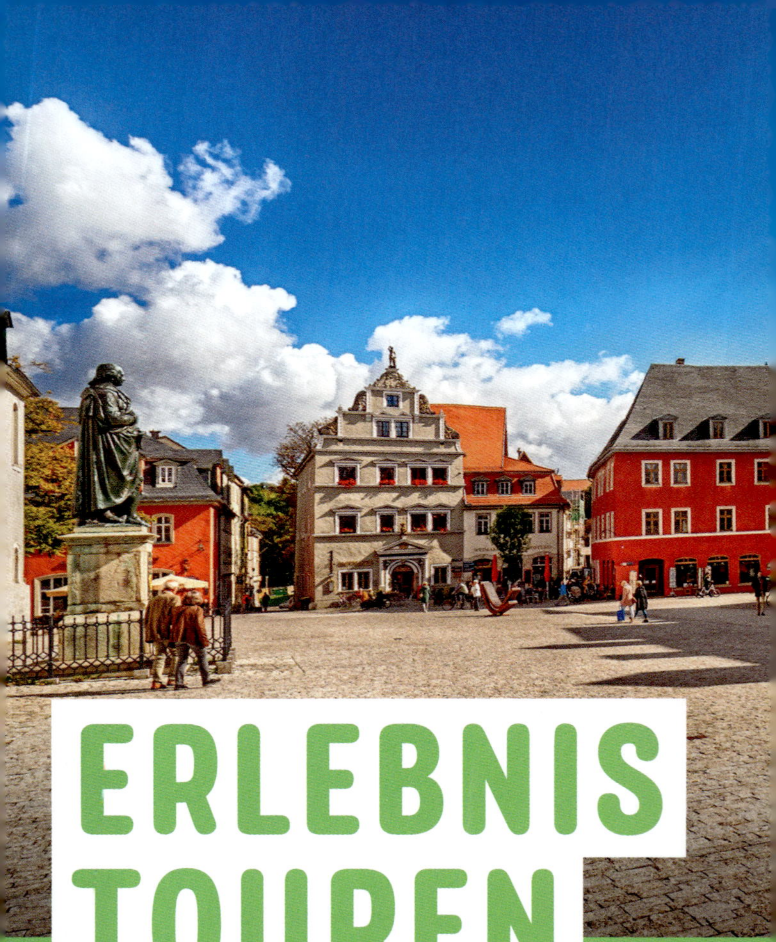

ERLEBNIS TOUREN

Lust, die einzigartigen Facetten der Stadt zu entdecken? Dann sind die Erlebnistouren genau das Richtige für dich! Ganz einfach wird es mit der MARCO POLO Touren-App: Die Tour über den QR-Code aufs Smartphone laden – und auch offline die perfekte Orientierung haben.

Perfekt für eine Pause beim Weimar-Bummel: Herderplatz

Einfach QR-Code scannen und alle Karten & Infos zu unseren Touren auch unterwegs parat haben!

go.marcopolo.de/wei

DIE ERLEBNISTOUREN IM ÜBERBLICK

Kleinroda
WEIMAR
Ettersburger Str.
Fuldaer Str.
Triff Weimars berühmte Frauen
2
4
Ein Tag für Genießer
Weimar-
hallen-
park
Weimar perfekt im Überblick
1
Park-
vorstadt
Jenaer Str.
7
Erfurter Str.
Ilm
Park an
der Ilm
Berkaer
Str.
3
M.-Luther-Str.
Plan
Taubacher
Str.
85
Süd-
stadt
Siedlung
Siedlers-
freud
Ehrings-
dorf
Burgholz
Neu-
Ehringsdorf

❶ WEIMAR PERFEKT IM ÜBERBLICK

- **Protzig, aber stilvoll: Goethes Zuhause entdecken**
- **Die besten Pommes der Stadt futtern**
- **Abends im Deutschen Nationaltheater applaudieren**

Café Wünsch Dir Was — Weinbar Weimar

5 km — 13 Stunden, reine Gehzeit gut 1 Stunde

Kosten: ca. 120 Euro p. P. für Essen und Trinken, Ausstellungen, Theaterbesuch

Tisch für den Abend in der **Scharfen Ecke** und Karten für das **Deutsche Nationaltheater** vorab reservieren. Plan ggf. Zeit ein, um dich fürs Theater umzuziehen.

❶ Café Wünsch Dir Was

❷ Herderplatz

❸ Seife & Sinne

❹ Stadtschloss

❺ Platz der Demokratie

PLÄTZE ZUM SCHAUEN, STAUNEN, SHOPPEN

Wie möchtest du in den Tag starten? Mit einem Schatz im Frühstück oder luftig-leicht? Such dir was aus: Im ❶ Café Wünsch Dir Was ➤ S. 68 werden deine Wünsche erfüllt. Nach dem Frühstück *folg der Kaufstraße zum* ❷ Herderplatz ➤ S. 41. Von den Steinbänken vor der Stadtkirche kannst du prima das Leben auf dem Platz überblicken. *Mach vom Herderplatz einen kurzen Abstecher in die Rittergasse* zum Seifenladen ❸ Seife & Sinne ➤ S. 80. Lavendel, Rose oder doch Olivenduft – Lust, ein bisschen zu stöbern? *Geh anschließend zurück zum Herderplatz und folg der Vorwerksgasse bis zum Burgplatz.* Links siehst du schon das prächtige ❹ Stadtschloss ➤ S. 42. Rein kommst du derzeit leider nicht, aber die Außenansicht ist auch beeindruckend!

An der Bastille vorbei geht es zum ❺ Platz der Demokratie ➤ S. 35 mit seinem bunten Ensemble von Rotem, Gelbem und Grünem Schloss. Rate mal, welche Gebäude sich hinter den trügerischen Namen verbergen! Vor dir thront ein Herzog, in Bronze verewigt als Carl-August-Denkmal ➤ S. 36. Wo kommt denn die leise Musik her? Das müssen die Studierenden der

Hochschule für Musik im **Fürstenhaus ➤ S. 36** sein. *Am Roten Schloss vorbei geht es zum* **6 Markt ➤ S. 35**. Schau mal, ob du ein Weimar-Andenken findest, oder greif beim frischen, regionalen Obst zu.

6 Markt

WEIMARER KLASSIKER

Auf der Frauentorstraße läufst du zum Frauenplan. Im **7 Goethe-Nationalmuseum ➤ S. 34** siehst du, wie das Dichtergenie gewohnt hat, und entdeckst kuriose Stücke wie Goethes Arzneiflaschen. *Weiter geht's den Frauenplan entlang zum Wielandplatz.* Schau nach, ob das **8 Wieland-Denkmal ➤ S. 44** heute wieder was

7 Goethe-Nationalmuseum

8 Wieland-Denkmal

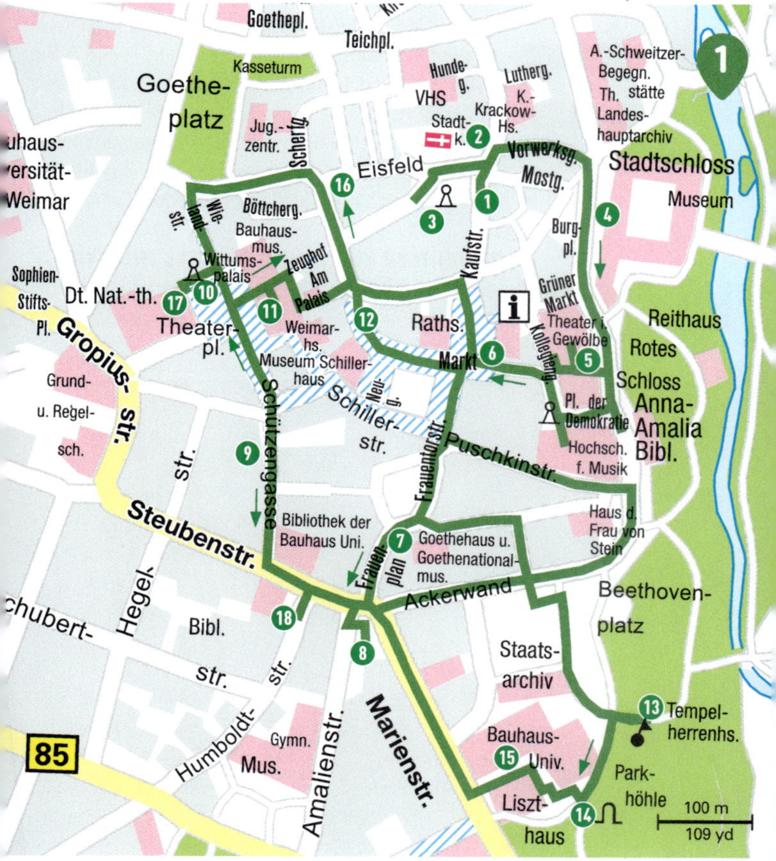

❾ Fritz Mitte

❿ Goethe-Schiller-Denkmal

⓫ Wittumspalais

⓬ Biebereis & O Fruto

⓭ Tempelherrenhaus

⓮ Parkhöhle

Unerwartetes in der Hand hält. *Folg der Steubenstraße und bieg rechts in die Schützengasse ab.* Dann einfach dem Geruch von frisch Frittiertem nach! Mit Pommes von ❾ **Fritz Mitte ➤ S. 68** *geht es zum Theaterplatz,* wo du mit Blick auf das ❿ **Goethe-Schiller-Denkmal ➤ S. 30** deine Mittagspause einlegst. Das ⓫ **Wittumspalais ➤ S. 32** entschädigt dich fürs geschlossene Stadtschloss: Die Innenausstattung ist ähnlich prachtvoll. Für eine verführerische süße Nachspeise *folg der Straße Am Palais und bieg rechts in die Windischenstraße ab zu* ⓬ **Biebereis & O Fruto ➤ S. 66**. *Auf der Windischenstraße geht's weiter, dann nach rechts in die Frauentorstraße und wieder links in die Seifengasse. Am Restaurant Giardino biegst du rechts ab und spazierst in den Ilmpark zum* ⓭ **Tempelherrenhaus ➤ S. 47**. Die Ruine hat etwas Mystisches – ein perfektes Fotomotiv. In der ⓮ **Parkhöhle ➤ S. 46** ist es kühl und ein bisschen unheimlich. Aber wenn du die geologisch und historisch spannenden Stücke siehst, die man hier unten gefunden hat, ist die Gänsehaut schnell vergessen.

⓯ Bauhaus-Universität

THÜRINGER KÜCHE UND GROSSES THEATER

Direkt an der Parkhöhle steht das Mensa-Gebäude der ⓯ **Bauhaus-Universität ➤ S. 44**. *Spazier über den*

Was gibst du dir im Deutschen Nationaltheater? Vielleicht den „Tannhäuser" in Rot?

Campus zur Marienstraße und folg ihr stadteinwärts, bis du rechts auf die Ackerwand abbiegen kannst. Dann geht es links in die Puschkinstraße, rechts in die Frauentorstraße und über den Markt zur Marktstraße. Bieg links ab und du kommst über die Geleitstraße zum Restaurant ⑯ Scharfe Ecke ➤ S. 73 *im Eisfeld.* Genieß die leckere, liebevoll zubereitete Thüringer Küche, bevor es zur Abendvorstellung ins ehrwürdige ⑰ Deutsche Nationaltheater ➤ S. 30, 89 geht. *Danach läufst du die Schützengasse entlang, biegst kurz vor dem Wielandplatz rechts in die Humboldtstraße ab und stehst direkt vor der* ⑱ Weinbar Weimar ➤ S. 87. Wie könnte der Tag besser ausklingen als bei einem guten Glas Wein?

⑯ Scharfe Ecke

⑰ Deutsches Nationaltheater

⑱ Weinbar Weimar

❷ TRIFF WEIMARS BERÜHMTE FRAUEN

- ➤ In Pantoffeln durch die Herzogin-Anna-Amalia-Bibliothek
- ➤ Abstieg zum Grab einer russischen Zarentochter
- ➤ Die Powerfrauen der Weimarer Republik kennenlernen

Start: Jakobskirche

Ziel: Museum Neues Weimar

Strecke: 4 km

Dauer: 7 Stunden, reine Gehzeit 1 Stunde

Kosten: ca. 45 Euro p. P. für Eintritt, Essen und Trinken
Die **Jakobskirche** öffnet im Winter erst um 11 Uhr. Karten für die **Herzogin-Anna-Amalia-Bibliothek** mehrere Tage im Voraus reservieren.

HERZOGINNEN MIT HERZ FÜR DIE KULTUR

Deine Tour beginnt mit Weitblick in der ① Jakobskirche ➤ S. 41, wo 1806 Christiane Vulpius den eigensinnigen Goethe heiratete. Vom Kirchturm aus hast du einen herrlichen Blick über Weimar. *Danach folg der Jakobstraße, bieg links in die Vorwerksgasse und dann rechts auf den Burgplatz ab. Immer der Nase nach geht es zur* ② Herzogin-Anna-Amalia-Bibliothek ➤ S. 36.

① Jakobskirche

② Herzogin-Anna-Amalia-Bibliothek

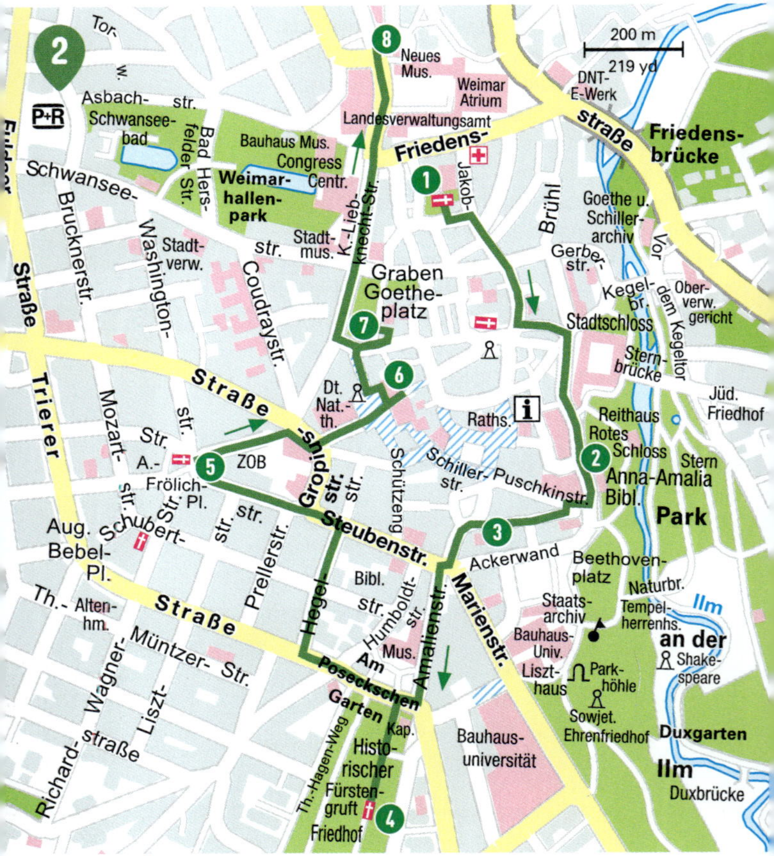

Der Namensgeberin verdankt Weimar seinen Glanz: Unter ihrer Regentschaft zog es die berühmten Dichter und Gelehrten in die Stadt. Kommst du dir albern vor, in Riesenpantoffeln durch die prachtvollen Büchersäle zu schlurfen? Nicht doch, die tragen hier alle!

❸ Gasthaus Zum Weißen Schwan

Zur Mittagspause geht's *rechts in die Puschkinstraße und dann links bis ans Ende der Seifengasse* zum **❸ Gasthaus Zum Weißen Schwan** ➤ S. 73. Hier gibt's eine gutbürgerliche Stärkung, bevor du anschließend *auf dem Frauenplan links Richtung Wielandplatz abbiegst. Die Amalienstraße führt zum Historischen*

Friedhof, wo eine weitere bedeutende Weimarerin in der ❹ Russisch-orthodoxen Kapelle ➤ S. 50 begraben liegt: Großherzogin Maria Pawlowna hatte wie Anna Amalia eine Schwäche für Kunst und Musik und holte unter anderem Franz Liszt in die Stadt. Um ihren Sarg zu besuchen, steig die Stufen ins Gewölbe der Fürstengruft hinab.

❹ Russisch-orthodoxe Kapelle

FRAUENPOWER IN DER WEIMARER REPUBLIK

Verlass den Friedhof auf demselben Weg, halte dich Am Poseckschen Garten links und bieg dann rechts in die Hegelstraße ein. Dann geht es links auf die Steubenstraße, die dich zur ❺ Koriat-Kuchenmanufaktur ➤ S. 67 führt: Pecannuss-Schokomousse-Kuchen – klingt das nicht verlockend? *Auf der Hoffmann-von-Fallersleben-Straße kommst du zum Sophienstiftsplatz und über die Dingelstedtstraße zum Theaterplatz.* Hier steht das ❻ Haus der Weimarer Republik ➤ S. 31. Bist du bereit für die kämpferischen Frauen der 1910er- und 1920er-Jahre? Sie eroberten sich das Wahlrecht und zogen zum ersten Mal in ein demokratisch gewähltes deutsches Parlament ein.

❺ Koriat-Kuchenmanufaktur

❻ Haus der Weimarer Republik

❼ Niketempel

❽ Museum Neues Weimar

Naschkatzen kommen an der Koriat-Kuchenmanufaktur nicht vorbei

MODERNE KÜNSTLERINNEN IN EINER MÄNNERDOMÄNE

Auf der Wielandstraße geht es weiter bis zum Goetheplatz, wo du rechts abbiegst und am pompösen ❼ Niketempel vorbeikommst: Großherzogin Maria Pawlowna ließ ihn im 19. Jh. als Lesemuseum für ihre Bürger errichten. Heute sendet das Bürgerradio Lotte von hier. *Geh weiter geradeaus, bis du rechts das* ❽ Museum Neues Weimar ➤ S. 38 siehst. Hier endet deine Tour mit einem Ausflug in die Kunst der frühen Moderne. Die war eigentlich eine Männerdomäne. Die wenigen Frauen im Museum, wie Ellen Kolde mit ihren verspielten und ausdrucksstarken Grafiken, fallen deshalb umso mehr auf.

❸ RADTOUR DURCH DIE BAUHAUS-STADT

- ➤ Kirschen knabbern im Kirchgarten
- ➤ Architektur und Design im Musterhaus hautnah erleben
- ➤ Undercover unter Bauhaus-Studierenden Cappuccino schlürfen

Bauhausmuseum	Bauhaus-Universität
20 km	7 ½ Stunden, reine Fahrzeit 2 Stunden
mittel	150 Höhenmeter

Kosten: ca. 35 Euro p. P. für Fahrradmiete, Eintritt, Kaffee
Radausleihe bei der Grünen Liga Thüringen (s. S. 115)
Eintrittskarten für das **Haus am Horn** mehrere Tage im Voraus reservieren
Mitnehmen: Essen und Getränke fürs Picknick

❶ Bauhausmuseum
1,5 km 10 Min.

❷ Historischer Friedhof
850 m 15 Min.

❸ Denkmal der Märzgefallenen
1,4 km 15 Min.

BAUHAUS-GESCHICHTE ZUM ANFASSEN

Gleich zu Beginn deiner Tour erlebst du im ❶ Bauhausmuseum ➤ S. 39 100 Jahre Bauhaus-Geschichte mit Augen, Ohren und Händen: Anschauen, anhören, anfassen, ausprobieren – alles erlaubt! Wie wär's danach mit einem schnellen Espresso im Café Kunstpause *(Mo/Di geschl. | montag-bauhaus.de | €€)?* Hier bekommst du übrigens auch das begehrte Weimarer Bieber-Eis – und zwar ohne in der Schlange zu warten.

INSIDER-TIPP
Eiskalt und heiß begehrt

Schwing dich aufs Rad, *fahr rechts in Richtung Goetheplatz und weiter über Sophienstiftsplatz, Hummelstraße, Schützengasse, Steuben- und Amalienstraße zum* ❷ Historischen Friedhof ➤ S. 49. *Stell dein Rad am Eingang Poseckscher Garten ab. Gleich hinter dem Eingang biegst du rechts ab und gehst an der westlichen Friedhofsmauer links. Folg dem Weg durch den verwunschenen Friedhof,* bis zu deiner Rechten das von Walter Gropius entworfene ❸ Denkmal der Märzgefallenen ➤ S. 50 auftaucht. Für den Bauhausgründer war es ein Blitz, der aus dem Boden schießt. Was siehst du darin?

WEITBLICK UND TALFAHRT IM UMLAND

Zurück auf dem Rad, geht es links in die Humboldtstraße und wieder rechts in die **4 Gutenbergstraße**. Schau nach rechts und links – hier stehen viele schöne Häuser in verschiedenen Baustilen. *Am Ende der Straße bieg links auf die William-Shakespeare-Straße ab. Wenn es rechts Richtung Kirschbachtal geht, folg dem Feininger-Radweg über Niedergrunstedt bis nach Gelmeroda.* Halte die Augen offen: Zur Kirschzeit stehen vor vielen Gärten Körbchen voller knallroter Früchte, die du auf Vertrauensbasis kaufen kannst. Damit peppst du das mitgebrachte Picknick auf – die Bänke vor der **5 Kirche Gelmeroda** ➤ S. 55 sind ein guter Platz für die Mittagspause. Die Kirche war ein Lieblingsmotiv des Künstlers und Bauhausmeisters Lyonel Feininger. Schau dir in der kleinen Ausstellung an, wie er sie gemalt hat. *Fahr geradeaus auf die Tankstelle zu, über die Rudolstädter Straße und folg dem Ehringsdorfer Weg für ca. 2 km.* Auf der Strecke hast du

INSIDER-TIPP
Frische Kirschen to go

4 Gutenbergstraße
5,9 km 30 Min.

5 Kirche Gelmeroda
4,8 km 20 Min.

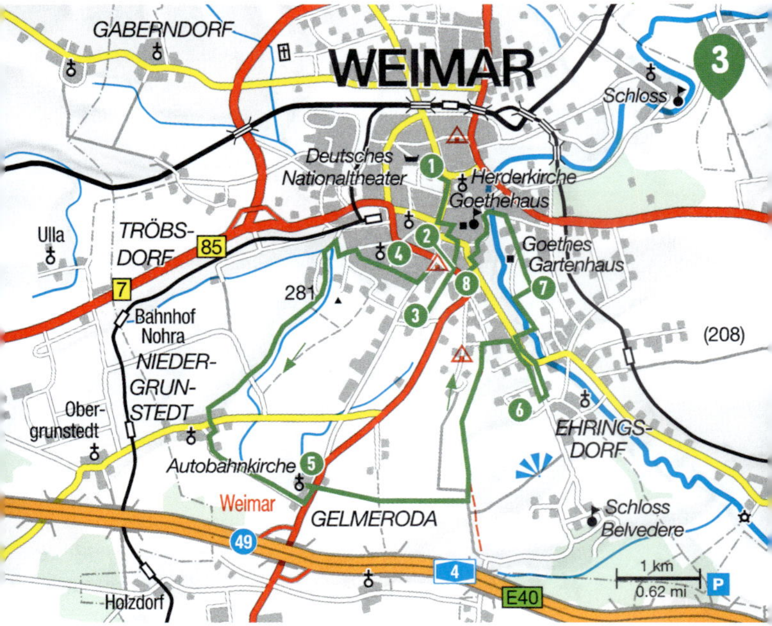

Die Bauhaus-Universität tritt heute das Erbe der Designschule an

einen herrlichen Ausblick über das Weimarer Land. *Am Ende des Wegs geht's nach links auf den Goethe-Wanderweg, der später zum Bergweg wird.* Achtung, hier wird es ein wenig uneben! *Unten angekommen, biegst du rechts auf die Merketalstraße ab und dann wieder rechts auf die Belvederer Allee. Zur Rechten liegt das* **6 Haus Hohe Pappeln ➤ S. 54**. Gebaut hat es der Architekt und Designer Henry van de Velde, der mit dem Bauhaus eng verbandelt war. Für ihn hatte jeder Raum eine eigene Funktion im Gesamtgefüge. Schau dich um und rate, welche!

6 Haus Hohe Pappeln
2,4 km 15 Min.

VOM MUSTERHAUS ZUR BAUHAUS-UNI

Auf der Belvederer Allee fährst du stadteinwärts, bis sie nach rechts in den Ilmpark abzweigt. Über die Hängebrücke gelangst du zum Corona-Schröter-Weg, der dich nach links weiter durch den Park führt. Wenn es nach rechts zur Straße Am Horn geht, biegst du ab und gelangst zum **7 Haus am Horn ➤ S. 49**. Lass dich im Musterhaus von der schlichten, schicken Einrichtung im Bauhaus-Stil inspirieren: Was würde wohl in deine

7 Haus am Horn
1,9 km 10 Min.

eigenen vier Wände passen? *Auf der Straße Am Horn geht's weiter, bis du links über die Sternbrücke Richtung Altstadt fahren kannst. Folg dem Straßenverlauf so, dass du den Ilmpark immer zur Linken hast, bis du links in die Marienstraße einbiegen kannst. Sie führt dich zum Hauptgebäude der* ⑧ Bauhaus-Universität ➤ S. 44. Stell das Fahrrad ab, hol dir im Bauhaus-Atelier ➤ S. 81 einen Cappuccino und such dir draußen ein schönes Plätzchen, um zwischen den Studis Bauhaus-Luft zu schnuppern.

⑧ Bauhaus-Universität

4 EIN TAG FÜR GENIESSER

- ➤ **Nach leckeren Thüringer Souvenirs stöbern**
- ➤ **Kaffeepäuschen in Herders historischem Hausgarten**
- ➤ **Verdauungsspaziergang in Weimars grüner Oase**

Fama Café & Bücher

Planbar

6 km

13 Stunden, reine Gehzeit 1 ½ Stunden

Kosten: 80–100 Euro p. P. für Essen und Trinken, Eintritte

Für das Frühstück im **Fama-Café**, das Abendessen im **Restaurant San** und den Besuch im **Lichthaus-Kino** solltest du reservieren. Plan ggf. Zeit ein, um vor dem Abendprogramm deine Einkäufe in die Unterkunft zu bringen.

SCHLEMMEN, SHOPPEN, SCHILLER-MUSEUM

Dein Genießertag beginnt im ① Fama Café & Bücher ➤ S. 67. Ist dir nach hausgemachter Marmelade, Hummus und Smoothies oder nach Rührei und Kaffee? Hungrig gehst du hier jedenfalls nicht raus. Nach dem Frühstück *geht's schräg gegenüber in die* ② Teeboutique ➤ S. 78. Mmh, es duftet verführerisch! Lass dich von deiner Nase leiten – führt sie dich zu Herders Frühstückstee oder den ganz ausgefallenen Sorten? *Von der Windischenstraße biegst du rechts in die Neugasse ab.*

① Fama Café & Bücher

② Teeboutique

❸ Schiller-Museum

Rechter Hand liegt der Eingang zum ❸ Schiller-Museum ➤ S. 33. Genussmomente waren für den Dichter vor allem die mit seiner Familie – hier erkundest du sein Zuhause. *Folg der Schillerstraße und bieg links in die Hummelstraße ab. Vom Sophienstiftsplatz gehst du weiter auf der Heinrich-Heine-Straße und dann nach rechts in die Geleitstraße zum* ❹ Viba-Shop Weimar ➤ S. 78. Das süße Thüringer Nougat solltest du dir auf keinen Fall entgehen lassen!

❹ Viba-Shop Weimar

ENTSPANNTE MITTAGSPAUSE AM HERDERPLATZ

❺ Suppenbar Estragon

❻ Stadtkirche Sankt Peter und Paul

❼ Herdergarten

Über Geleitstraße und Eisfeld kommst du zum Herderplatz. Such dir in der ❺ Suppenbar Estragon ➤ S. 68 eine der leckeren Tagessuppen aus und löffle sie in der Sonne vor dem Laden. Zum Nachtisch gibt es was zum Staunen: den beeindruckenden Flügelaltar in der ❻ Stadtkirche Sankt Peter und Paul ➤ S. 42. *Anschließend gehst du einmal um die Kirche herum und machst im versteckten* ❼ Herdergarten *(Mo–Fr 10–18 Uhr)* eine kleine Zeitreise: Er wurde rekonstruiert und sieht genauso aus wie zum Ende des 18. Jhs. Lust auf einen Kaffee im Café Caroline *(Di–Fr 11–15.30 Uhr)* im Garten?

SPAZIERGANG DURCH DEN ILMPARK

❽ Park an der Ilm

❾ Sternbrücke

❿ Römisches Haus

⓫ Thüringer Spezialitätenmarkt

Dann ist es Zeit für einen ausgiebigen Nachmittagsspaziergang. Und wo geht das in Weimar besser als im Ilmpark? *Verlass den Herderplatz über die Vorwerksgasse neben der Bäckerei Stephan Rose. Bieg am Ende der Gasse rechts auf den Burgplatz ab und bei der Bastille in den* ❽ Park an der Ilm ➤ S. 46 *ein. Du überquerst die* ❾ Sternbrücke, unter der die Ilm plätschert, *und folgst dem Weg Richtung Süden bis zu Goethes Gartenhaus und dann den Wegweisern zum* ❿ Römischen Haus ➤ S. 49. Kein Wunder, wenn du dir hier wie in der Toskana vorkommst: Bauleiter Goethe ließ sich von seiner Italienreise inspirieren. Durchs Haus führt dich ein Audioguide. *Verlass den Park Richtung Belvederer Allee und folg ihr bis zum Frauenplan und zur Frauentorstraße.* Dort liegt der ⓫ Thüringer Spezialitätenmarkt ➤ S. 78. Wurst, Käse, Cola – probier was Leckeres aus der Region!

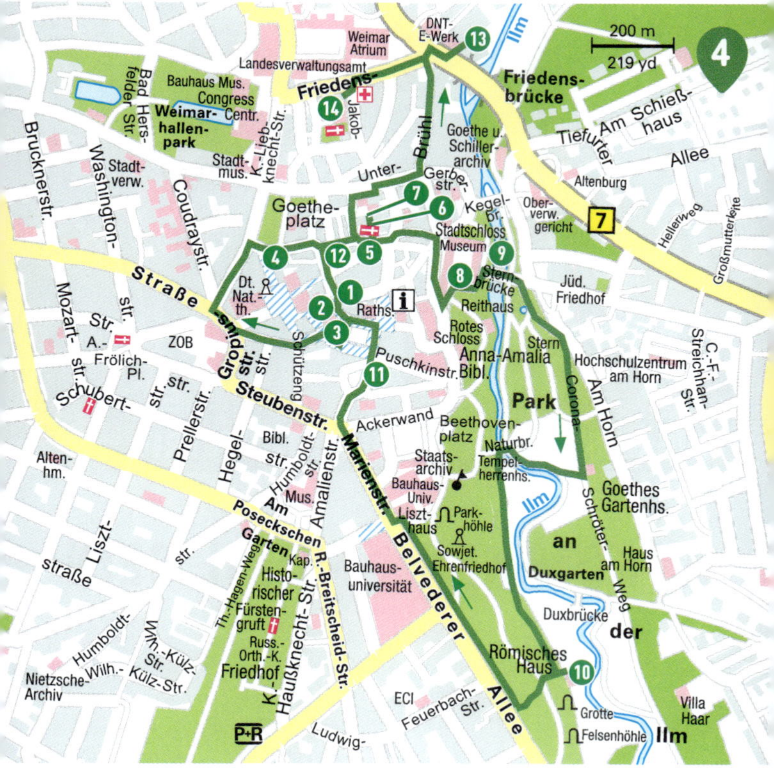

FUTTER FÜR BAUCH UND AUGE

Über Frauentorstraße, Windischenstraße und Geleitstraße gehst du ins Eisfeld. Beim Abendessen im koreanischen ⑫ **Restaurant San** ➤ S. 73 wird dir das Wasser im Mund zusammenlaufen. Und was will man mit einem vollen Bauch mehr als Beine hochlegen und Film schauen? Genau! Also ab ins Kino! *Vom Eisfeld biegst du links in die Teichgasse ab und gelangst über den Teichplatz zu Graben und Untergraben. Dann geht es links auf den Brühl bis zur Friedensstraße.* Dort kannst du das alte E-Werk mit dem Kino ⑬ **Lichthaus** ➤ S. 88 schon sehen. Nach dem Film gibt's noch einen Absacker: *Auf der Friedensstraße und vorbei am Shoppingcenter Weimar-Atrium kommst du zum Jakobsplan und zur* ⑭ **Planbar** ➤ S. 86.

⑫ Restaurant San

⑬ Lichthaus

⑭ Planbar

GUT ZU WISSEN

DIE BASICS FÜR DEINEN STÄDTETRIP

ANKOMMEN

ANREISE

Weimar liegt in der Mitte Deutschlands. Du erreichst es über die A 4, A 9, B 7 oder B 85.

Der ICE-Knotenpunkt Erfurt ist mit der Bahn 15 Min. entfernt. Von Berlin aus brauchst du mit dem Zug 2 ¼ Std. nach Weimar. Von München sind es 3 ¾ Std. Wenn du aus Köln kommst, musst du etwas mehr als 4 Std. einplanen. Flixbus fährt in 3 Std. 20 Min. von Berlin oder in knapp 5 Std. von Frankfurt a. M. direkt nach Weimar. Fernbusse und Züge kommen am *Hauptbahnhof (📖 D6)* an. Von dort fährt jeder Bus bis auf die Linie 3 in die Innenstadt zum *Goetheplatz (📖 c2)*.

Nächstgelegene Flughäfen sind Erfurt/Weimar (25 km), Leipzig/Halle (120 km) und der Frankfurt Airport (300 km).

MOBIL SEIN

AUTO

Tagesausflügler sollten sich vorab Parkmöglichkeiten raussuchen. Kostenfrei stellst du dein Auto auf dem *P+R-Parkplatz Marcel-Paul-Straße (📖 C6)* ab. Kostenpflichtig sind die Parkplätze *Über der großen Sackpfeife (📖 D11)*, *Hermann-Brill-Platz (📖 a1)* und an der *Berkaer Straße (📖 c5)*. Parkhäuser und Tiefgaragen gibt es am *Einkaufszentrum Weimar-Atrium (📖 c1)*, an der *Hauptpost (📖 b2)*, an *Goethes Wohnhaus (📖 d4)*, am *Schillerkaufhaus (📖 c3)* und bei der *Weimarhalle (📖 c2)*. Das Parkleitsystem beginnt an den Stadteingängen.

BUS & BAHN

Neun Buslinien verbinden Stadtränder und Zentrum. Alle halten am *Goetheplatz (📖 c2)*. Bis auf die Linie 3

Der Markt mit dem Cranachhaus ist der perfekte Ausgangspunkt für eine Weimar-Tour

fahren alle den Hauptbahnhof an. Einzelfahrt: 2,20 Euro, Vierfahrtenkarte: 7,90 Euro. Für Vielfahrer lohnt sich die Tageskarte für 5,60 Euro. Mit der *Weimar-Card* (s. S. 117) fährst du kostenlos. Wer das Umland erkunden will, nutzt am besten die Regionalbahn. Erfurt und Jena erreichst du in 15 Min. Mit dem *VMT-Hopper-Ticket* fährst du für 9,90 Euro an einen bis zu 50 km entfernten Bahnhof in Thüringen und zurück. Für mehrere Fahrten an einem Tag lohnt sich ein *Thüringen-Ticket.* Eigene Kinder und Enkel unter 15 Jahren fahren auf beiden Tickets umsonst mit.

INSIDER-TIPP
Günstiger Familienausflug

FAHRRAD

Ein Fahrrad kannst du bei der *Grünen Liga Thüringen (Goetheplatz 9b | Tel. 03643 49 27 96 | grueneliga-thueringen.de | c2)* und im *Hotel Dorint Am Goethepark Weimar (Beethovenplatz 1–2 | Tel. 03643 87 20 | hotel-weimar.dorint.com | d4)* leihen. E-Bikes verleiht *Lokaltermin (Kaufstr. 11 | Tel. 03643 77 72 10 | lokaltermin-reisen.de | d3).* Achtung, es gibt viele kleine Straßen mit Kopfsteinpflaster, die eine Radtour zur Holperpartie machen können.

GRÜN & FAIR REISEN

Du willst beim Reisen deine CO_2-Bilanz im Hinterkopf behalten? Dann kannst du deine Emissionen kompensieren *(atmosfair.de; myclimate.org)*, deine Route umweltgerecht planen *(routerank.com)* oder auf Natur und Kultur *(gate-tourismus.de)* achten. Mehr über ökologischen Tourismus erfährst du hier: *oete.de* (europaweit); *germanwatch.org* (weltweit).

TAXI

- *Das Weimar-Taxi | Tel. 03643 7 40 22 22 | dasweimartaxi.de*
- *Taxibetrieb Daniel Böhme | Tel. 03643 77 27 80 | taxi-boehme.de*

Meist stehen auch am *Hauptbahnhof (D6)*, *Goetheplatz (c2)* oder *Theaterplatz (c3)* Taxis bereit.

VOR ORT

AUSKUNFT

- *Tourist-Information | Markt 10 | Tel. 03643 74 50 | weimar.de | d3*

WAS KOSTET WIE VIEL?

Bratwurst	2,50 Euro *am Imbiss-Stand*
Bier	2,50 Euro *0,5 l in der Kneipe*
Bus	2,20 Euro *Einzelfahrt*
Souvenir	12,95 Euro *Ginkgo-Starterkit*
Leihfahrrad	9 Euro *für einen Tag*
Theater	50 Euro *bei Bestplatzierung im DNT*

INTERNETZUGANG & WLAN

In Weimar surfst du kostenlos über das WLAN-Netzwerk *Energie-Hotspots*, zum Beispiel auf dem *Bahnhofsvorplatz (D6)*, dem *Stéphane-Hessel-Platz (c1)*, dem *Goetheplatz (c2)*, dem *Theaterplatz (c3)* und auf dem *Frauenplan (c3)*.

MUSEEN

Tickets gibt es an den Tageskassen und bei der Tourist-Information, für Häuser der Klassik-Stiftung auch online *(tickets.klassik-stiftung.de)*. Einige Museen der Klassik-Stiftung haben ein begrenztes Tageskontingent. Du solltest vorab online Zeitfenster-Karten reservieren. Im Kapitel „Sightseeing" findest du bei den betroffenen Häusern einen Hinweis.

Nicht alle Museen in Weimar sind barrierefrei. Die Klassik-Stiftung und die Tourist-Information informieren dazu auf *short.travel/wei8* und *short.travel/wei9*. Dort können Menschen mit eingeschränkter Mobilität oder Behinderung auch spezielle Touren buchen.

Kinder unter 16 Jahren haben in den Museen der Klassik-Stiftung freien Eintritt. Ausnahme sind spezielle Kinderveranstaltungen. Alle Angebote für Kinder und Familien unter *short.travel/wei10*.

Im *Bauhausmuseum, Museum Neues Weimar, Haus am Horn* und *Nietzsche-Archiv* dient die App *Bauhaus+* als multimedialer Begleiter. Für diese Häuser sowie für das *Haus Hohe Pappeln* können Besucher außerdem das Kombi-Ticket Moderne *(20 Euro)* erwerben. Es berechtigt zum einmaligen Eintritt in jedem dieser Häuser bis zum 31. Dezember des jeweiligen Jahres.

STADTFÜHRUNGEN

Du kannst an verschiedenen öffentlichen Führungen *(8 Euro)* teilnehmen oder dich mit dem *Belvedere-Express (20 Euro)*, einem nachgebauten historischen Bus, durch die Stadt fahren lassen. Es empfiehlt sich, vorab online Tickets zu buchen, du bekommst sie aber auch bei der Tourist-Information *(d3)*. Treffpunkt ist jeweils vor der Tourist-Information. Wenn du gern individuell unterwegs bist, aber auf eine Führung nicht verzichten willst, leih dir in der Tourist-Information den multimedialen *I-Guide (10 Euro pro Tag)*. Weitere Informationen und Buchung von Führungen unter *short.travel/wei11*.

WEIMAR-CARD

Die Weimar-Card kostet 32,50 Euro und gilt ab der ersten Nutzung 48 Std. Darin enthalten sind der Eintritt in eine ganze Reihe von Museen, die Teilnahme an Stadtführungen der Tourist-Information sowie verschiedene Ermäßigungen, etwa auf Karten für das Deutsche Nationaltheater. Außerdem kannst du damit kostenlos Bus fahren. Du bekommst die Weimar-Card bei der Tourist-Information, online unter *short.travel/wei12* und in Einrichtungen der Klassik-Stiftung.

NOTFÄLLE

FUNDBÜRO

– Schwanseestr. 17 | Tel. 0364 3 76 22 55 | b2

NOTRUFE & NOTFALLADRESSEN

– Polizei: Tel. 110
– Rettungsdienst/Feuerwehr: Tel. 112
– Ärztlicher Notdienst: Tel. 11 61 17
– Apotheken-Notdienst: Tel. 0800 00 22 833
– Sophien- und Hufeland-Klinikum | Henry-van-de-Velde-Str. 2 | Tel. 03643 5 70 | D11

WETTER IN WEIMAR

Hauptsaison (April–Okt.) / Nebensaison (Nov.–März)

	JAN.	FEB.	MÄRZ	APRIL	MAI	JUNI	JULI	AUG.	SEPT.	OKT.	NOV.	DEZ.
Tagestemperaturen	2°	3°	8°	14°	19°	22°	24°	24°	20°	14°	8°	4°
Nachttemperaturen	-3°	-3°	0°	4°	8°	11°	13°	13°	10°	6°	2°	-1°
Sonnenschein Stunden/Tag	2	3	5	6	7	8	7	6	6	3	2	2
Niederschlag Tage/Monat	17	15	13	14	13	13	14	13	12	14	16	15

Sonnenschein Stunden/Tag — Niederschlag Tage/Monat

WEIMAR FEELING

ZUM EINSTIMMEN & AUSKLINGEN

LESESTOFF & FILMFUTTER

DIE GELIEBTEN SCHWESTERN

Thema des Films (2014) ist die historisch nicht belegbare Dreiecksliaison zwischen Schiller und den Schwestern Charlotte und Caroline von Lengefeld. Dominik Graf inszeniert bildgewaltig in leisen und leidenschaftlichen Tönen den Liebessommer und die Jahre danach.

LOTTE IN WEIMAR

Ein Genie schreibt über ein anderes Genie: Thomas Manns Roman (1939) über das Wiedersehen von Goethe und Charlotte Kestner – der „Lotte" aus Goethes „Werther" – nach 44 Jahren.

NACKT UNTER WÖLFEN

Häftlinge in Buchenwald entdecken ein ins KZ geschmuggeltes Kind und versuchen, es zu verstecken. Intensives Stück (1963 und 2015) über Solidarität in Zeiten der Gewalt nach einem Roman von Bruno Apitz.

DIE NEUE ZEIT

Sechsteilige, prominent besetzte Serie (2019) über die Gründungsjahre des Staatlichen Bauhauses in Weimar. Der 80-jährige Walter Gropius erzählt rückblickend die Geschichte der Kunstschule mit all ihren politischen und amourösen Verwicklungen.

PLAYLIST QUERBEET

0:58

ALAN BERN – LIFE, LIBERTY AND THE PROSCIUTTO HAPPINESS
Unbeschwerter Klezmersong vom Begründer des Weimarer Yiddish-Summer-Festivals

MARTIN KOHLSTEDT – AUHEJA
Über den Dächern der Stadt produziert: Klavierklänge, untermalt von sanften Elektroelementen und verwoben mit dem Gesang des Leipziger Gewandhaus-Chors

FRANZ LISZT – LIEBESTRAUM NR. 3 AS-DUR
Eines der bekanntesten Solo-Klavierstücke des ehemaligen Weimarer Hofkapellmeisters

RAINALD GREBE – THÜRINGEN
Ironischer Blick aufs Umland

MAP.ACHE – ARRUVE
Sphärische Elektrobeats eines Leipziger DJs, erschienen auf dem mittlerweile weltweit bekannten Weimarer Label Giegling

Den Soundtrack zum Urlaub gibt's auf **Spotify** unter **MARCO POLO Thüringen**

Oder Code mit Spotify-App scannen

AB INS NETZ

TOPOGRAPHIE DER MODERNE
Die App nimmt dich mit ins frühe 20. Jh. Du lernst historische Schauplätze der Weimarer Republik, des Bauhauses und des Nationalsozialismus in Weimar kennen und kannst dir historische Aufnahmen anhören.

RADIOLOTTE.DE
Auf der Website des Weimarer Bürgerradios findest du neben Nachrichten, Programminfos und Sendungen zum Nachhören auch aktuelle Kultur- und Freizeittipps, außerdem Fotostrecken und Videos.

WO IST WALTER?
Von Bauhaus-Studierenden entworfener Audiospaziergang. In sieben Tracks begleitet dich die App zu Orten des historischen Bauhauses, darunter die Uni, das Haus am Horn und das Ilmschlösschen.

WEIMARPEDIA-KIDS.DE
Weimar-Wissen für Kinder im Web: Historische Persönlichkeiten erzählen von sich, von berühmten Orten und bekannten Sagen ihrer Stadt. Zum Lesen oder Anhören, mit kleinen Spielen und Bastelanleitungen.

TRAVEL PURSUIT

DAS MARCO POLO URLAUBSQUIZ

Weißt du, wie Weimar tickt? Teste hier dein Wissen über die kleinen Geheimnisse und Eigenheiten von Stadt und Leuten. Die Lösungen findest du in der Fußzeile. Und ganz ausführlich auf den S. 20–25.

❶ Wie heißt die Party im Anschluss an den Spacekid-Headcup, das Weimarer Seifenkistenrennen?

a) Triumphparty
b) Jauchzfest
c) Jubelfeier

❷ Was sind die Alte Feuerwache, die Gelbe Zora und die Gerber?

a) Angesagte Restaurants
b) Alternative Wohnprojekte
c) Urige Kultkneipen

❸ Wie heißt ein Weimarer Veranstaltungsort mit angeschlossenem Café?

a) OMA
b) MAMA
c) OPI

❹ Die Musik welches Interpreten lief zu „A Clockwork Orange" im Deutschen Nationaltheater?

a) Ton Steine Scherben
b) Tokio Hotel
c) Rammstein

❺ Warum glaubte der Weimarer Bürgermeister Carl Leberecht Schwabe im Jahr 1826, Schillers Schädel erkennen zu können?

a) Weil Schillers Schädel angeblich so groß war
b) Weil Schiller angeblich eine ungewöhnlich niedrige Stirn hatte
c) Weil Goethe ihm angeblich genau sagen konnte, welcher Schillers Schädel war

Wird die Musik dieses Herrn wirklich im DNT gespielt? Till Lindemann von Rammstein

6 Warum sind manche Hausnummern in Weimar grün?
a) Grün war Goethes Lieblingsfarbe
b) Häuser aus der Gründerzeit sind so gekennzeichnet
c) Die Häuser sind besonders umweltfreundlich

7 Wie heißt das Kollektiv, das Weimar lebenswerter machen will?
a) Das U-Boot
b) Die Raumstation
c) Der Zeppelin

8 Was verbirgt sich hinter dem Namen Lotte im Niketempel?
a) Ein Frauenkollektiv, das zu Charlotte von Schiller und Charlotte von Stein forscht
b) Das Weimarer Bürgerradio
c) Ein Indoorspielplatz für Kinder

9 Was kann man sich in Weimars Stadtbibliothek ausleihen?
a) Einen original Stern-Radiorekorder R 160 aus der DDR
b) Eine Energiesparbox, die Energiefresser in einem Haus findet
c) Eine Spieluhr mit allen Melodien des bekannten Weimarer Glockenspiels aus Meißner Porzellan

10 Wie viele Frauen gehörten der verfassunggebenden Versammlung der Weimarer Republik im Jahr 1919 an?
a) 37
b) 2
c) gar keine

11 Wie heißt eine von der Bauhaus-Universität unterstützte Gründerwerkstatt?
a) Neudeli
b) Karlkutta
c) Mummbei

REGISTER

LOB ODER KRITIK? WIR FREUEN UNS AUF DEINE NACHRICHT!

Trotz gründlicher Recherche schleichen sich manchmal Fehler ein. Wir hoffen, du hast Verständnis, dass der Verlag dafür keine Haftung übernehmen kann.

MARCO POLO Redaktion • MAIRDUMONT • Postfach 31 51
73751 Ostfildern • info@marcopolo.de

Impressum
Titelbild: Musentempel im Tiefurter Landschaftspark bei Weimar (huber-images: H. - P. Szyszka)
Fotos: huber-images: R. Schmid (40, 54 (Klassik Stiftung Weimar)), Szyszka (57 (Klassik Stiftung Weimar)); S. Indolfo/H. Würsching (123); G. Jung (16/17); Laif: T. Barth (107), K. Hoffmann (62/63), G. Lengler (80), D. Schwelle (2/3 (Klassik Stiftung Weimar), 4, 66, 71, 79), G. Westrich (89), C. Zahn (92/93); Laif/Le Figaro Magazine: M. Figuet (96/97); Look: G. Bayerl (118/119); mauritius images: W. Dieterich (72); mauritius images/hemis.fr: R. Mattes (6); mauritius images/imagebroker: O. Gerhard (11), H. Hess (110), F. Hollweck (74/75), HWO (26/27, 48), H. von Radebrecht (12); mauritius images/Novarc Images (8/9 (Klassik Stiftung Weimar)), H. P. Szyszka (60/61); mauritius images/Travel Collection (87); mauritius images/United Archives (22); picture-alliance/Bildagentur-online: Schoening (58, 114/115); picture-alliance/DALLE APRF: R. Anderson (120/121); picture-alliance/imagebroker: T. Becker (10), O. Gerhard (90/91); picture-alliance/ullstein bild: R. Sennecke (21); picture-alliance/ZB: M. Schutt (14/15), C. Welz (25, 104); Schapowalow: R. Schmid (Klappe vorne außen, Klappe vorne innen/1 (Klassik Stiftung Weimar)); Shutterstock: A. Bahdanovich (32, 43, 47 (Klassik Stiftung Weimar), 98/99), canadastock (13), Copula (37), Fotografr3ak (94/95), Sina Ettmer Photography (34); T. Stankiewicz (51, 82/83); Visum: E. Reinsch (52)

15., aktualisierte Auflage 2023

Autorinnen: Silja Indolfo, Hannah Würsching
Redaktion: Martin Silbermann
Bildredaktion: Gabriele Forst
Kartografie: © MAIRDUMONT, Ostfildern (S. 100–101, 103, 106, 109, 113, Umschlag außen, Faltkarte); © Verkehrsverbund Mittelthüringen, Erfurt (Umschlag innen); © MAIRDUMONT, Ostfildern, unter Verwendung von Kartendaten von OpenStreetMap, Lizenz CC-BY-SA 2.0 (S. 28–29, 31, 39, 45, 64–65, 76–77, 84–85)
Als touristischer Verlag stellen wir bei den Karten nur den De-facto-Stand dar. Dieser kann von der völkerrechtlichen Lage abweichen und ist völlig wertungsfrei.
Gestaltung Cover, Umschlag und Faltkartencover: bilekjaeger_Kreativagentur mit Zukunftswerkstatt, Stuttgart; Gestaltung Innenlayout: Langenstein Communication GmbH, Ludwigsburg
Konzept Coverlines: Jutta Metzler, bessere-texte.de

Printed in Poland

MIX
Paper | Supporting responsible forestry
FSC® C018236

MARCO POLO AUTORINNEN

SILJA INDOLFO, HANNAH WÜRSCHING

Beide Autorinnen haben in Erfurt studiert, aber das Kulturangebot in Weimar zog sie von Anfang an in das kleine Nachbarstädtchen. Regelmäßig schlugen sie sich die Tage – und auch Nächte – in Weimar um die Ohren. Und wenn sie nachts mal den letzten Zug zurück nach Erfurt verpassten, machte das gar nichts: Die Kneipe Zum Falken hat bis zum Morgengrauen geöffnet.

BLOSS NICHT!

FETTNÄPFCHEN UND REINFÄLLE VERMEIDEN

ROSTBRATWURST MIT KETCHUP ESSEN

Wenn du dich nicht schon in den ersten Sekunden nach dem Kauf einer Thüringer Rostbratwurst als Zugereister outen möchtest, lass die Finger von der Ketchupflasche. Echte Thüringer essen ihre Bratwurst mit Senf.

„NO" MIT „NEIN" VERWECHSELN

Antwortet dir die Bäckereiverkäuferin auf die Frage, ob noch ein Brötchen zu haben sei, mit einem herzlichen „No", hast du Glück. „No" heißt in dieser Gegend nämlich nicht „nein", sondern „ja".

DIE WEIMARER WEIMARANER NENNEN

Der Weimaraner hat eine große Jagdpassion und braucht viel Auslauf. Wonach klingt das? Genau, nach einem Hund! Und eben das ist der Weimaraner. Der Weimarer hingegen ist der Mensch, der in dieser Stadt lebt und der belustigt bis säuerlich reagiert, solltest du ihn wie dieses Tier nennen.

UNGEDULDIG SEIN

Eine Menge Leute möchten das schöne Weimar sehen. Das führt – vor allem im Sommer – zu langen Warteschlangen vor den bekanntesten Sehenswürdigkeiten. Aber nicht ungeduldig werden. Jede Schlange hat ein Ende.

DIE WIESEN IM ILMPARK BETRETEN

„Betreten der Grünfläche verboten" – gilt leider für die meisten Wiesen im Ilmpark. Das Schild ist nicht immer gleich zu sehen. Schau lieber genau hin und halte dich dran. Die Parkwächter könnten dir sonst ein saftiges Bußgeld abknöpfen.